高等职业教育汽车类专业系列教材

"十四五"高等职业教育专业核心课程新形态教材·汽车类

汽车空调系统检修

QICHE KONGTIAO XITONG JIANXIU

主编　徐晓军

西安交通大学出版社
XI'AN JIAOTONG UNIVERSITY PRESS

国家一级出版社
全国百佳图书出版单位

图书在版编目(CIP)数据

汽车空调系统检修 / 徐晓军主编. —西安：
西安交通大学出版社，2021.12
ISBN 978 - 7 - 5693 - 2362 - 7

Ⅰ. ①汽… Ⅱ. ①徐… Ⅲ. ①汽车空调-检修
Ⅳ. ①U472.41

中国版本图书馆 CIP 数据核字(2021)第 228646 号

书　　名	汽车空调系统检修
主　　编	徐晓军
策划编辑	杨　瑶　李　佳
责任编辑	杨　瑶
责任校对	邓　瑞
封面设计	任加盟

出版发行　西安交通大学出版社
　　　　　（西安市兴庆南路1号　邮政编码 710048）
网　　址　http://www.xjtupress.com
电　　话　(029)82668357　82667874(市场营销中心)
　　　　　(029)82668315(总编办)
传　　真　(029)82668280
印　　刷　西安五星印刷有限公司

开　　本　787 mm×1092 mm　1/16　印张 9.75　字数 217 千字
版次印次　2021 年 12 月第 1 版　2021 年 12 月第 1 次印刷
书　　号　ISBN 978 - 7 - 5693 - 2362 - 7
定　　价　38.00 元

如发现印装质量问题,请与本社市场营销中心联系、调换。
订购热线：(029)82665248　(029)82665249
投稿热线：(029)82668804
读者信箱：phoe@qq.com

随着我国汽车市场的迅速发展,我国汽车保有量急剧上升,需要大量汽车的维护和维修人员,同时,随着汽车技术的发展,对汽车维修人员的技术要求和技能要求越来越高,为适应现代汽车高等职业教育的发展,特编写本书。

本书以"任务驱动"为编写思路,根据汽车维修企业汽车空调检修过程中的工作流程特点,设计了7个项目:汽车空调的认识与保养、汽车空调制冷系统的压力测试与泄漏检查、制冷剂的排空与加注、制冷系统零部件的认识与检修、汽车空调暖风及空气净化分配系统检修、汽车手动空调控制系统检修、汽车自动空调的自诊断。每个项目按照"教学目标—案例导入—知识链接—任务实施—思考与练习"这一体例进行编排。各学习任务内容相对独立又前后关联,知识比较先进,针对性强,图文并茂。

本书参考了大量的相关书籍和文献,参考了互联网上有关的图片、资料,参考了大众系列汽车空调系统的资料和维修手册,参考了汽车空调维护和维修设备的使用说明,在此向指导、帮助编写本书的专家及所参考文献资料的作者致以诚挚的谢意。

本书行文通俗易懂,便于自学,可作为高职高专院校汽车专业的教材,也可供汽车维修人员参考使用。

限于编者的经历和水平,书中难免有不妥之处,敬请同行专家和广大读者批评指正,提出修改建议。

目 录
CONTENTS

项目1 汽车空调的认识与保养 ·········· 1

1.1 教学目标 ·········· 1

1.2 知识链接 ·········· 2

1.2.1 汽车空调系统的作用 ·········· 2

1.2.2 汽车空调系统的组成 ·········· 3

1.2.3 汽车空调系统的特点 ·········· 6

1.2.4 汽车空调系统控制面板的操作 ·········· 6

1.2.5 汽车空调的正确使用方法 ·········· 8

1.2.6 空调系统的检查与保养 ·········· 9

1.2.7 空调制冷效果评价的前提条件 ·········· 11

1.3 任务实施 汽车空调系统的检查与保养 ·········· 12

1.3.1 任务准备 ·········· 12

1.3.2 操作步骤 ·········· 12

1.3.3 实施记录 ·········· 13

思考与练习 ·········· 14

项目2 汽车空调制冷系统的压力测试和泄漏检查 ·········· 16

2.1 教学目标 ·········· 16

2.2 知识链接 ·········· 17

2.2.1 制冷技术基础知识 ·········· 17

2.2.2 制冷原理 ·········· 18

2.2.3 汽车空调系统的压力测试 ·········· 21

  2.2.4 汽车空调制冷系统的检漏 ·· 25

 2.3 任务实施 汽车空调制冷系统的压力检测和泄漏检查 ············ 27

  2.3.1 任务准备 ·· 27

  2.3.2 操作步骤 ·· 28

  2.3.3 实施记录 ·· 29

 思考与练习 ··· 30

项目 3 制冷剂的排空与加注 ·· 33

 3.1 教学目标 ··· 33

 3.2 知识链接 ··· 34

  3.2.1 制冷剂知识 ·· 34

  3.2.2 冷冻机油知识 ·· 39

  3.2.3 制冷剂的排空与充注 ·· 42

 3.3 任务实施 AC350C 制冷剂回收/再生/充注机的操作 ············ 46

  3.3.1 任务准备 ·· 46

  3.3.2 操作步骤 ·· 47

  3.3.3 实施记录 ·· 52

 3.4 知识拓展 ··· 53

 思考与练习 ··· 55

项目 4 制冷系统零部件的认识与检修 ·· 58

 4.1 教学目标 ··· 58

 4.2 知识链接 ··· 59

  4.2.1 制冷系统的组成 ·· 59

  4.2.2 压缩机 ·· 60

  4.2.3 冷凝器 ·· 64

  4.2.4 储液干燥器 ·· 65

  4.2.5 膨胀阀 ·· 67

  4.2.6 蒸发器(蒸发箱) ·· 72

  4.2.7 导管与软管 ·· 74

 4.3 任务实施 制冷系统零部件检查 ································ 76

  4.3.1 任务准备 ·· 76

  4.3.2 操作步骤 ·· 76

  4.3.3 实施记录 ·· 77

 思考与练习 ·· 79

项目 5 汽车空调暖风及空气净化分配系统检修 ·············· 82

 5.1 教学目标 ·· 82

 5.2 知识链接 ·· 83

  5.2.1 空气的基本参数 ·· 83

  5.2.2 汽车空调供暖系统 ······································ 87

  5.2.3 汽车通风系统 ·· 90

  5.2.4 汽车空调空气分配系统 ································ 91

  5.2.5 空气净化系统 ·· 94

  5.2.6 风管道的清洁 ·· 96

 5.3 任务实施 汽车空调管路的清洁 ······················· 98

  5.3.1 任务准备 ·· 98

  5.3.2 操作步骤 ·· 98

 思考与练习 ·· 99

项目 6 汽车手动空调控制系统检修 ····························· 101

 6.1 教学目标 ·· 101

 6.2 知识链接 ·· 102

  6.2.1 汽车空调的控制方式 ··································· 102

  6.2.2 手动汽车空调常用电气控制器件 ·················· 103

  6.2.3 电磁离合器控制电路检查和分析 ·················· 108

  6.2.4 散热风扇电路检查和分析 ··························· 112

  6.2.5 鼓风机控制电路检查和分析 ······················· 116

6.3　任务实施　汽车手动空调控制系统检修 ································ 118

　　6.3.1　任务准备 ··· 118

　　6.3.2　操作步骤 ··· 118

　　6.3.3　实施记录 ··· 120

　思考与练习 ··· 123

项目 7　汽车自动空调的自诊断 ·· 129

7.1　教学目标 ··· 129

7.2　知识链接 ··· 130

　　7.2.1　汽车自动空调的组成 ··· 130

　　7.2.2　自动空调控制系统传感器及安装位置 ································· 131

　　7.2.3　自动空调控制系统执行元件及功能 ··································· 135

　　7.2.4　自动空调的自诊断 ··· 137

　　7.2.5　自动空调自诊断的方法 ··· 138

7.3　任务实施　汽车自动空调的自诊断 ····································· 143

　　7.3.1　任务准备 ··· 143

　　7.3.2　操作步骤 ··· 143

　　7.3.3　实施记录 ··· 145

　思考与练习 ··· 145

参考文献 ·· 148

项目 1

汽车空调的认识与保养

▶ 1.1 教学目标

知识目标

(1)掌握汽车空调系统的组成、名称及在空调系统中的作用。

(2)掌握汽车空调保养的项目和内容。

(3)掌握汽车空调运行状态的检查方法。

能力目标

(1)能够按照正确步骤对汽车空调系统进行保养操作。

(2)能够使用测试仪器对空调制冷温度进行测量。

(3)能够识别空调系统的主要部件在车辆上的位置。

素质目标

(1)具有团队合作精神和协作精神。

(2)掌握空调系统保养时的防护措施。

(3)养成爱护车辆、爱护工具的习惯。

案例导入

在烈日炎炎的夏天,外面的气温一度高达 40 ℃,当我们驾车外出的时候,打开汽车空调,一阵一阵的凉风就会迎面吹来,使车内温度逐渐降下来,人也变得神清气爽;在寒冷的冬季,室外温度较低,只要开启汽车暖风系统,暖风就会输送进车内,确保车内达到最佳的温度,有效去除汽车玻璃上的雾气。以上情况都是汽车空调系统在起作用,如图 1-1 所示。

图 1-1　汽车空调系统作用

▶ 1.2　知识链接

1.2.1　汽车空调系统的作用

汽车空调即汽车室内空气调节系统的简称,主要功能是对车内空气的温度、湿度、气流速度和空气洁净度等参数进行调整和控制,使车内空气清洁、温度适宜,建立和保持车内的良好人工气候环境,满足驾驶员和乘客乘坐的舒适需求;预防或去除车身表面、风窗玻璃上的水雾和霜雪等,保证驾驶员的视野开阔及行车安全。简言之,汽车空调系统是保证车内司乘人员健康安全和舒适,以及行车安全的必不可少的系统。

1.调节车内的温度

汽车空调在冬季利用暖风系统升高车内的温度,中小型汽车一般以发动机冷却循环水或废气作为暖气的热源,大型客车则采用独立式加热器作为暖气的热源;在夏季则利用制冷系统对车内环境降温,使车内达到人体舒适的温度。

汽车空调车内温度推荐值:夏季一般应控制车内温度在 25～28 ℃,冬季应控制车内温度在 15～18 ℃;夏季车内外温差宜保持在 5～7 ℃,冬季车内外温差也不宜过大,应保持在 10～12 ℃,否则会使乘客感觉太冷或太热,下车容易感冒。

2.调节车内湿度

车内湿度是指车内空气中所含水蒸气量的多少,车内湿度过小或过大会使乘员感觉干燥或闷热;人体感觉最舒适的相对湿度为 30%～70%,所以汽车空调的湿度参数要求控制在此范围内。

普通汽车空调一般不具备调节车内湿度的功能,只有高级豪华汽车采用的冷暖一体化空调器才能对车内的湿度进行适量调节,它通过制冷系统冷却降温去除空气中的水分,再由暖风系统升温以降低空气的相对湿度。

3. 调节车内空气的流速和流向

空气的流速和流动方向对人体舒适性影响很大。在夏季,气流速度稍大有利于人体散热降温,但过大的风速直接吹到人体上会使人感到不舒服,一般气流速度 0.25 m/s 左右为宜;在冬季,风速大了会影响人体保温,因此冬季采暖时气流速度应尽量小些,一般为 0.15~0.2 m/s。

此外,根据人体生理特点,头部对冷比较敏感,脚部对热比较敏感。为此,汽车空调系统不仅可利用控制系统来调节车内空气流速,而且可通过对汽车空调冷、热出风口的合理布置来调节车内空气流向,夏季让冷风吹到乘员头部,而冬季让暖风吹到乘员脚部。

4. 过滤、净化车内的空气

由于车内空间小,乘员密度大,车内极易出现缺氧和二氧化碳浓度过高的情况,汽车发动机废气中的一氧化碳和道路上的粉尘、野外的花粉都容易进入车内,造成车内空气污浊,影响乘员的身体健康,因此必须要求汽车空调具有补充车外新鲜空气、过滤和净化车内空气的功能。一般汽车空调系统上都设有进风门、排风门、空气过滤装置和空气净化装置,能有效除去车内空气中的尘埃、异味、烟气,使车内空气变得清洁。

5. 除霜除雾功能

冬天,前、后挡风玻璃容易结霜起雾,这将导致驾驶员的视线模糊不清,增加行车危险。这就需要汽车空调具有除霜、除雾功能,通过暖风来除去挡风玻璃上的霜或雾,以保证驾驶员视线清晰,提高驾驶的安全性。

1.2.2　汽车空调系统的组成

汽车空调系统由制冷系统、暖风系统、通风系统、控制系统、空气净化系统等组成,如图1-2所示。

汽车空调系统的功用和组成

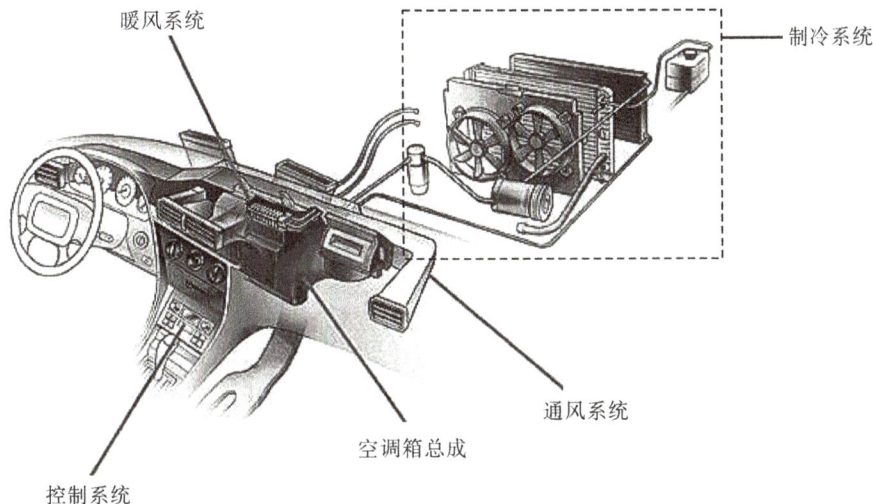

图 1-2　汽车空调系统组成

1.制冷系统

制冷系统是汽车空调最重要的系统,它的作用是对车内或由外部进入车内的新鲜空气进行冷却或除湿,使车内空气变得凉爽舒适。

制冷系统由压缩机、冷凝器、储液干燥器、散热风扇、膨胀阀、蒸发器、制冷管道等组成,如图 1-3 所示。

制冷系统组成

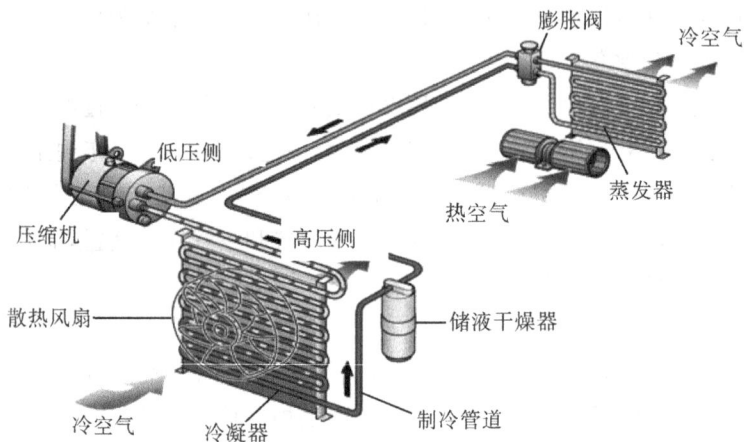

图 1-3　制冷系统

2.暖风系统

空调暖风系统的作用是对车内或由外部进入车内的新鲜空气进行加热,使车内的空气达到适宜的温度,该系统主要用来取暖或对风窗进行除霜除雾。

空调暖风系统由加热器、水阀、水管、预热管等组成,如图 1-4 所示。

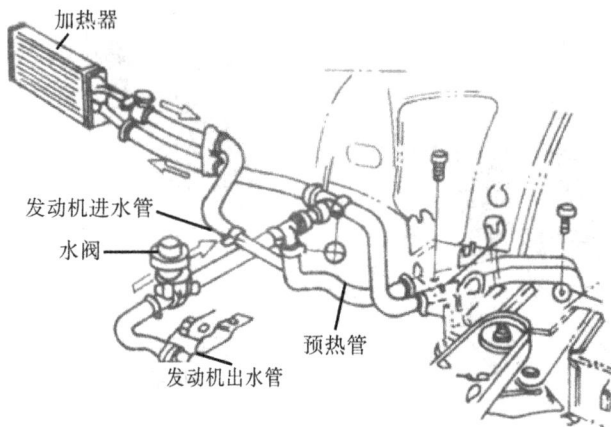

图 1-4　暖风系统

3.通风系统

通风系统的作用是将车外的新鲜空气引入车内,或使车内空气循环,经过过滤净化后,对车内起到通风和换气的功能,同时防止风窗玻璃起雾结霜,如图1-5所示。

通风系统由进气风门、鼓风机、混合气模式风门、气流模式风门、导风管等组成。

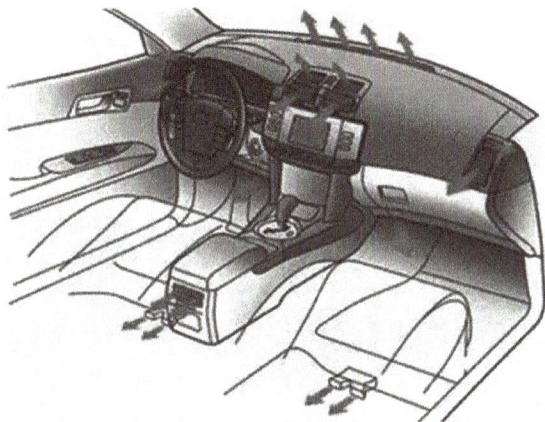

图1-5　通风系统

4.控制系统

控制系统的作用是对制冷系统、暖风系统及通风系统的工作进行控制,同时对车内的空气温度、风量、流量、风向、风速等进行调节,保证空调系统正常工作,为车内提供冷暖适宜的气流。

控制系统包括点火开关,A/C开关、电磁离合器、鼓风机开关及调速电阻器、各种温度传感器、制冷剂高低压力开关、温度控制器、送风模式装置、各种继电器等,目前轿车上普遍采用了电脑自动控制,如图1-6所示。

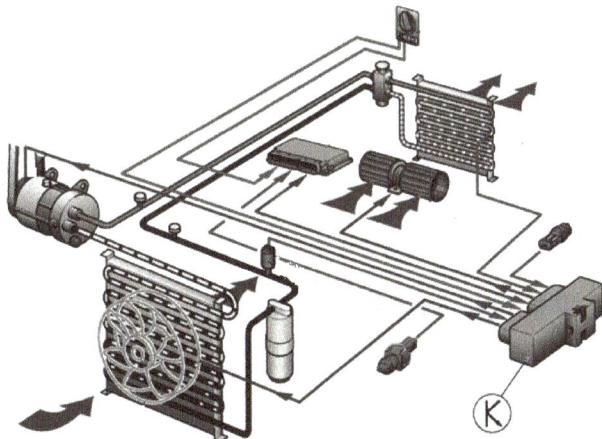

图1-6　汽车空调控制系统示意图

5．空气净化系统

空气净化系统的作用是将车外的空气经过过滤净化处理，对车内空气中的尘埃、异味、烟气进行过滤和清洁，以使车内空气变得清新，如图1-7所示。

图1-7 空气净化系统

1.2.3 汽车空调系统的特点

（1）汽车车厢容积小，而且车窗比例大，易受阳光直射。因此汽车空调的制冷热负荷较大。

（2）汽车空调制冷压缩机由发动机来驱动，对汽车的动力、油耗均有影响。

（3）在汽车空调制冷系统中循环的制冷剂流量变化范围较大，给设计带来困难，汽车车厢内乘员所占空间比例较大，加上座椅等的高低不平，直接影响了风速分布和温度分布，影响人体的舒适性。

（4）冷凝器置于汽车水箱前面，其散热效果受到发动机水箱辐射热、汽车行驶速度、路面尘土污染的影响。

（5）制冷剂容易泄漏。汽车在颠簸不平的道路上行驶时，振动较大，制冷管路连接处容易松动，产生泄漏现象。

1.2.4 汽车空调系统控制面板的操作

正确使用汽车空调系统，可以节约能源，减少故障出现，并能保证空调系统具有良好的技术状态和工作可靠性，延长汽车空调系统的使用寿命。

小型乘用车在驾驶室内的空调系统由出风口和控制面板两部分组成，空调按控制方法不同分为手动空调系统、半自动空调系统和全自动(智能)空调系统,手动空调与自动空调的控制面板大不相同,如图1-8所示。

（a）手动空调控制面板　　　　　　　　　　（b）自动空调控制面板

图1-8　手动空调与自动空调的控制面板

在电子控制的手动空调系统中,进气源、空气温度、空气分配及鼓风机速度等功能都是驾驶员通过旋钮或拨杆手动选择进行调节的。

半自动空调系统与手动空调系统差别不大,其主要不同是半自动空调系统采用了程序装置、伺服电机或控制模块等结构,半自动空调可以设定温度,使车内保持恒温,但风速需手动调节,一般配置在中档轿车上。

全自动空调系统能够利用各类传感器随时检测车内外的环境变化,自动监控并调节温度、鼓风机速度和空气分配。只要预先设定温度,就能使空调系统自动地在设定的温度范围内工作。自动模式提供了最适宜的系统控制,并且不需要手动干预,一般配置在中高档轿车上。

一般的手动空调操作面板主要包括空调开关、循环开关和三个调整旋钮(或滑动杆),分别为鼓风机开关、温度调节控制和出风口模式控制,如图1-8(a)所示。

控制面板的功能和操作:

(1)启动发动机,按下A/C开关,A/C开关指示灯亮,此时空调压缩机的电磁离合器吸合,压缩机开始工作。

(2)通过鼓风机挡位开关可以控制鼓风机出风量,一般有4～5挡,一般挡位增大,鼓风机转速会逐步提高,风量逐步增大。

(3)出风口位置选择:位置开关处于 位置时,所有风从上出风口吹向面部;位置开关处于 位置时,风分成两部分,一部分吹向脚部,一部分吹向面部;位置开关处于 位置时,风从下出风口吹向脚部,只有少量由上出风口吹向面部;位置开关处于 位置时,风从挡风玻璃前出风口及两侧出风口吹向玻璃除雾、除霜;位置开关处于 位置时,一部分风给玻璃除雾、除霜,一部分吹向脚部。

(4)对于内外循环开关,当开关处于 位置时,处于外循环模式,车外的空气由鼓风机送入车内；当开关处于  位置时，空气循环仅限于车内，在车外温度较高时启用这种模式可以节省能量。

（5）在温度较低时，为给车内升温，只需要打开鼓风机开关，就可以将发动机冷却液或废气的热量送入车内，提升车内温度。

1.2.5 汽车空调的正确使用方法

（1）在空调系统制冷和制热时，要关严车门、车窗，否则会造成冷/热量泄漏，使制冷/热效果降低，同时浪费能源。

（2）空调出风口吹冷/热风时，驾驶员应该有调整风口方向的正确习惯。根据冷空气下沉、热空气上升的原理，正确的调整做法是，开冷气时，使出风口向上吹；开暖气时，使出风口向下吹。

（3）不要长时间开着空调制冷。长时间使用空调制冷会使冷凝器压力过大，这会对制冷系统造成损耗，空调压缩机由汽车发动机带动，而发动机本身就是一个发热体，在高温天气下，一些小排量汽车会出现水沸现象，不仅影响驾驶也降低了空调效率。因此每次使用空调制冷时间不宜过久，如果车内温度已经达到舒适的温度，就可以把空调关掉，隔一会儿再开。

（4）开车前先通风降温，再开内循环。车内的温度比车外温度高，刚进入车内的时候，应该先开窗通风，并开启外循环，把热气都排出去，等车厢内温度下降之后，再换成内循环。

（5）不可长时间使用空调内循环，因为内循环是空气在车内封闭空间内的循环方式，车内的含氧量会不断下降，而且如果汽缸中的汽油燃烧不完全，发动机燃油未完全燃烧产生的一氧化碳也可能进入车厢内，因此车内的空气质量会越来越差，会对人体产生危害，而且会对驾驶安全产生影响。因此应该开一定时间内循环，再开一会儿外循环，让新鲜空气进入车厢。

（6）不要开着空调在车内吸烟。因为在车厢内吸烟，烟雾一下子排不出去，会刺激眼睛和呼吸系统，不利于健康；若一定要吸烟，应将空调通风控制调整到"排出"位置，使车厢内烟雾排到车外。

（7）不在开着空调的停驶车内长时间休息或睡眠。由于汽车密封好，车辆停驶时，车厢内通气性差，若此时开着空调休息或睡眠，很可能因发动机排出的一氧化碳气体进入车内引起人员中毒，甚至死亡。

（8）停车时，先关空调，再熄火，如果先熄火再关空调，会对发动机产生损害，因为这样在车辆下次启动时，发动机会带着空调的负荷启动，这样的高负荷会损伤发动机。因此每次停车后，要先关闭空调再熄火，而且也应该在车辆启动后至少两三分钟、发动机得到润滑后，再打开空调。

（9）冬季要定期启动空调，一些地区的冬季比较暖和，比如广东、海南地区，有的车主整个冬季都不使用空调。长时间不用空调会导致其橡胶圈老化，空调内部各部件上的润滑油也会变干，定期启动空调能让各部件接受润滑油的润滑，维持良好状态，因此，冬季空调也最好每1～3周启动一次。

（10）汽车在高速公路上行驶时，应关闭车窗，打开空调系统，其油耗比开着车窗而关闭空调时要低。

1.2.6　空调系统的检查与保养

每年夏季来临时,应对制冷系统做全面的检查,保证制冷剂量足够,保证制冷系统正常工作;空调系统工作期间,保持冷凝器、蒸发器表面清洁。

1. 空调系统的检查

对空调系统进行检查,重点是检查各个功能是否正常,主要包括鼓风机检查、制冷温度检查和出风口模式检查。

(1)鼓风机检查。以手动空调为例,如图 1-9 所示,将鼓风机出风口旋钮开关调至面部吹风,打开鼓风机开关并依次在每个挡位停留,感觉出风量大小以判断鼓风机运转情况。

(2)制冷温度检查。将鼓风机调节旋钮调到最大风速挡,出风口模式调至面部吹风,打开空调 A/C 开关,通过温度调节旋钮将温度调到最低,用红外温度计或其他温度计检测出风口温度,出风口温度一般在 4～10 ℃ 为正常,如图 1-10 所示。

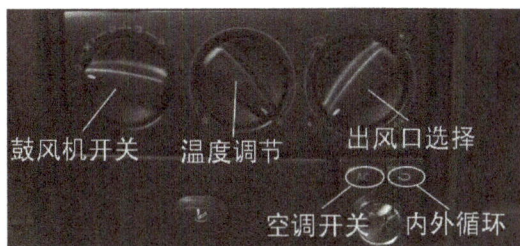

图 1-9　手动空调操作面板

图 1-10　出风口温度检测

(3)出风口模式检查。将鼓风机调节旋钮调到最大风速挡,旋转出风口模式旋钮,使其依次在"车窗除雾、除霜/脚部吹风、脚部/面部吹风、面部吹风"位置停留一段时间,检查对应出风口出风是否正常。

自动空调与手动空调的基本工作原理一样,只是在控制系统上有所不同,自动空调控制面板如图 1-11 所示。

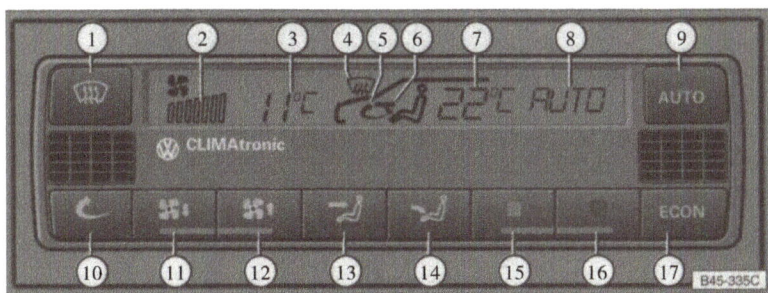

图 1-11　自动空调控制面板

1—车窗除雾、除霜按键;2—鼓风机挡位显示;3—车外温度显示;4—车窗除雾、除霜显示;5—空气内循环显示;

6—风向显示;7—车内温度显示;8—运行状态显示;9—自动运行模式按键;10—空气内循环按键;

11,12—鼓风机转速;13—气流向人体面部按键;14—气流向人体脚部按键;15—降温;16—升温;17—经济模式。

2.空调系统的保养

(1)冷凝器的检查与清洁。冷凝器是汽车空调制冷系统中极其重要的零部件,功能是保证汽车空调制冷系统的散热,只有它散热良好才能保证驾驶室内的蒸发器有较好的制冷效果。冷凝器在车辆的最前部,容易受到碰撞而变形或者吸附尘土、树叶、昆虫而变脏变堵,如图1-12、图1-13所示,这样会引起散热不良,造成空调系统内的压力升高,影响空调制冷效果。因此,对其保养时,应重点检查其散热片是否变形或堵塞,若变形需要对其进行矫正,若有异物堵塞时,应使用高压气体或喷雾器从发动机舱向车外对其进行清理。

注意:不可直接用高压水枪冲击散热片。

图1-12 变形的冷凝器散热片

图1-13 脏堵的冷凝器散热片

(2)空调进气滤芯的清洁与更换。空调进气滤芯又称为空调滤芯,是安装在空调通风系统进气管路前端的空气净化装置,大部分车辆的空调滤芯安装在副驾驶储物盒下面,如图1-14(a)所示,有些车型安装在发动机舱内副驾驶位侧风窗玻璃(雨刷器)下,如图1-14(b)所示。当开启空调时,空气通过空调滤芯进行过滤后进入车内,保证车内空气清洁。在对汽车进行保养时,应定期检查空调滤芯的清洁情况,污染不严重的情况下可以采用高压空气对其表面进行吹尘清理,污染严重的情况下应更换空调滤芯,一般汽车5000 km更换一次空调滤芯,一年至少检查两次空调进风口及空调滤芯情况。

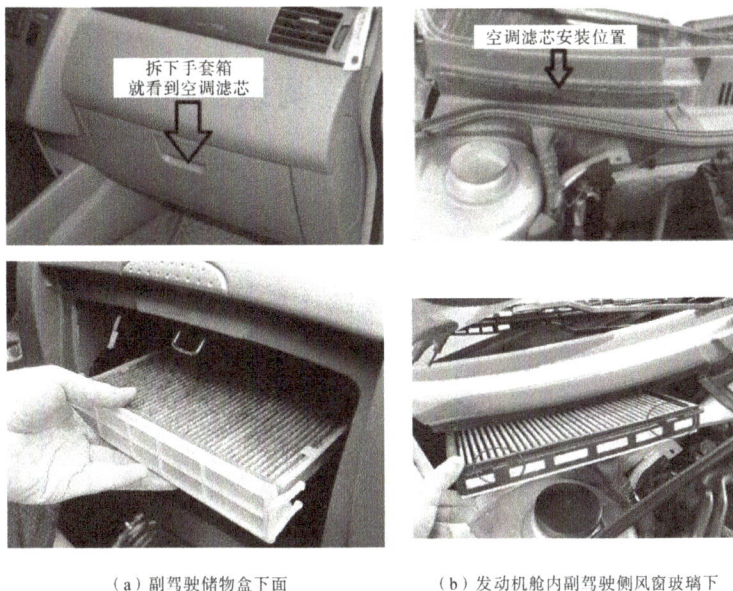

（a）副驾驶储物盒下面　　　　（b）发动机舱内副驾驶侧风窗玻璃下

图 1-14　空调滤芯的安装位置

1.2.7　空调制冷效果评价的前提条件

（1）车外环境温度高于 15 ℃。

（2）散热器和冷凝器保持洁净，必要时对其进行清洁。

（3）压缩机传动皮带正常且已正确张紧，皮带盘确实驱动压缩机。

（4）所有空气导管、盖板和密封件均正常且安装正确。

（5）通过粉尘及花粉过滤器的送风能力未受污物的影响，进气系统未受污物或后来安装的部件影响。

（6）车辆未放置在太阳光下照射。

（7）发动机已达到工作温度（冷却液温度高于 80 ℃）。

（8）所有仪表板出风口均开启。

（9）发动机舱盖已关闭。

（10）发动机保持运转。

▶ 1.3　任务实施　汽车空调系统的检查与保养

1.3.1　任务准备

准备实训车辆、三件套、红外温度计、空调滤芯、工具套件、手套,实践相关车辆维修保养手册及使用手册。

1.3.2　操作步骤

在对汽车空调系统进行检查时,应将汽车停放在通风良好的场地,按照表 1-1 中的步骤进行操作,全程操作须戴上手套。

表 1-1　汽车空调系统的检查与保养

步骤	项目	工作内容
1	安全防护的工作准备	(1)铺设三件套; (2)打开发动机舱盖
2	鼓风机检查	(1)进入驾驶座,打开点火开关,启动发动机; (2)将出风口模式调至面部吹风; (3)打开风机开关并依次在每个挡位停留,检查面部出风量大小; (4)通过耳听判断鼓风机在运行时是否存在异响
3	出风口温度检查	(1)打开空调 A/C 开关,将鼓风机调节旋钮调到最大风速挡,将出风口模式调至面部吹风,通过温度调节旋钮将温度调到最低; (2)停留几分钟,待空调系统稳定后,用红外温度计或其他温度计检测出风口温度,温度低于 10 ℃为正常; (3)调节温度旋钮,观察在不同温度设定位置时,出风口的温度是否正常
4	出风口模式检查	(1)将鼓风机调节旋钮调到最大风速挡,旋转出风口模式旋钮,使其依次在"除雾、除霜/脚部吹风、脚部/面部吹风、面部吹风"位置停留一段时间,检查对应出风口出风是否正常; (2)关闭或打开出风口开关,检查其工作是否正常,上下、左右调节出风口方向,检查其转动是否灵活; (3)关闭发动机
5	冷凝器检查与清洁	(1)检查冷凝器外部是否变形,若产生变形则需要对散热片进行矫正; (2)使用高压气体或喷雾器对散热片进行疏通和清洁

续表

步骤	项目	工作内容
6	空调滤芯清洁与更换	(1)阅读车辆维修手册,按照车辆维修手册所述的步骤取下空调滤芯; (2)检查空调滤芯的清洁情况,脏污不严重的情况下可以采用高压空气对其表面进行吹尘清理,气枪与滤清器保持 5 cm,使压缩空气从反面(空气流经空调滤芯方向的反方向)自下而上进行; (3)若空调滤芯严重污染,则更换新的空调滤芯,新滤芯安装时注意不要将滤芯方向装反,可以观察旧滤芯,表面很脏且黑的一面为进风面,新滤芯毛面为进风面(有基网一面为出风面)。换下的旧滤芯注意勿接近人体口鼻
7	整理	(1)撤去翼子板布,撤去三件套; (2)整理工具及打扫现场卫生

1.3.3 实施记录

(1)根据咨询内容在表 1-2 中填写车辆 VIN 码和车型,并通过观察完成表中序号为 2~4 的项目检查,在检查结果对应的"□"内打上"√"。

(2)对实践车辆的空调系统进行操作,确认其工作是否正常,将结果填入表 1-2 中。

表 1-2 空调检查确认项目单

车辆 VIN 码:					
序号	检查项目	检查结果	序号	检查项目	检查结果
1	车型		6	出风模式	正常□/不正常□
2	空调类型	手动□/自动□	7	温度调节	正常□/不正常□
3	空调开关	正常□/不正常□	8	鼓风机开关	正常□/不正常□
4	除霜开关	正常□/不正常□	9	出风口温度	℃
5	冷凝器是否变形	是□/否□	10	空调滤芯	更换□/除尘□

思考与练习

1. 单选题

(1)汽车空调所具备的功能是调节车内空气的(　　)、湿度和气流速度,使车内人员获得冷暖舒适的感觉。

A. 气流速度　　　　　B. 空气质量　　　　　C. 空气中的水分　　　　　D. 温度

(2)汽车在高速公路上行驶时,关闭车窗,打开空调系统,其油耗比开着车窗而关闭空调的情况(　　)。

A. 高　　　　　B. 低　　　　　C. 一样　　　　　D. 无法判断

(3)(　　)不是汽车空调的功能。

A. 调节车厢内的空气温度　　　　　B. 调节车厢内的空气湿度

C. 调节发动机水温　　　　　D. 过滤净化车厢内的空气

(4)车内空气相对湿度建议保持在(　　)。

A. 40%　　　　　B. 90%　　　　　C. 50%　　　　　D. 50%～70%

(5)通风与空气净化系统的主要作用是通过强制通风装置将车外的空气经过过滤净化后,送到驾驶室内部,并根据驾驶员的意愿对空气进行(　　)调节。

A. 强度、湿度　　　　　B. 温度、吹风模式

C. 温度、湿度　　　　　D. 湿度、强度

(6)汽车空调检测合格时出风口温度范围应为(　　)℃。

A. 0～4　　　　　B. 4～10　　　　　C. 10～15　　　　　D. 15～20

(7)汽车空调上的"AUTO"表示(　　)。

A. 自动控制　　　　　B. 停止　　　　　C. 风速　　　　　D. 温度控制

(8)以下关于热传递正确的说法是(　　)。

A. 热量总是从低温区向高温区传递

B. 热量总是从高温区向低温区传递

C. 热量可以在高温区和低温区之间自由传递

D. 以上都不正确

(9)一般来说人体适宜的温度为(　　)℃。

A. 20～28　　　　　B. 18～20　　　　　C. 12～18　　　　　D. 5～12

(10)制冷系统的主要作用是将通风系统引入到驾驶室的热空气降温,并带走热空气中的水分,从而降低炎热夏季驾驶室中空气的(　　)。

A. 质量和温度　　　　　B. 温度和湿度　　　　　C. 杂质和湿度　　　　　D. 质量和湿度

2. 判断题

(1)装有空调的汽车上,A/C模式开启时,可以有效地防止前挡风玻璃上结雾。　　　　　(　　)

(2)汽车空调的三个重要指标分别是温度、湿度、空气清洁度。　　　　　(　　)

(3)使用温度测试仪测量空调出风口温度时,应将测量温度探头装在右侧脚部出风口。

                                               (   )

(4)需要快速制冷时,应打开外循环,可以使循环冷却能力加大。(   )

(5)空调出风口吹冷/热风时,正确的调整做法是"开冷气时,使出风口向下吹;开暖气时,使出风口向上吹"。(   )

(6)使用温度测试仪测量空调出风口温度时,应将测量温度探头装在左侧中央出风口。

                                               (   )

(7)在进行制冷性能测试时,应将空调设置在最大制冷状态,同时将鼓风机的风量设置在最高挡。(   )

(8)在对汽车进行保养时,应定期检查空调滤芯的清洁情况,污染不严重的情况下可以采用高压空气对其表面进行吹尘清理。(   )

(9)清洗车辆时,需用高压水枪将冷凝器散热片中的污垢冲出。(   )

(10)汽车空调制冷系统主要由压缩机、冷凝器、蒸发器、膨胀阀和储液干燥器组成。(   )

3. 问答简述题

(1)汽车空调的作用是什么?

(2)汽车空调系统主要由哪几部分组成?

(3)汽车空调有何特点?

(4)使用空调时需注意哪些事项?

(5)简述鼓风机检查的步骤。

汽车空调制冷系统的压力测试和泄漏检查

▶ 2.1 教学目标

知识目标

(1)掌握汽车空调制冷系统的组成和各部件名称。

(2)掌握制冷系统的工作原理。

(3)掌握制冷系统检漏方法。

(4)掌握空调系统压力测试方法。

能力目标

(1)能够指出制冷系统部件的安装位置和名称。

(2)能够正确用氟表测量汽车空调制冷系统压力。

(3)能够检测空调制冷系统制冷剂泄漏情况。

素质目标

(1)具有团队合作精神和协作精神。

(2)掌握良好的规范操作习惯和工作习惯。

(3)养成安全作业的习惯。

案例导入

在烈日炎炎的夏天,人在游泳后,露出水面的身体部分会有冷的感觉,这是因为附着在身体上的水在外界条件(阳光照射、风、气温)作用下,由液体变成了水蒸气,吸收了身体的热量,降低了皮肤的温度,如图 2-1 所示。水蒸发得越快、越多,人就会感觉到越冷。

在手臂上涂抹酒精也有凉爽的感觉,这是因为酒精是易挥发性物质,它的蒸发带走了热量,如图2-2所示。

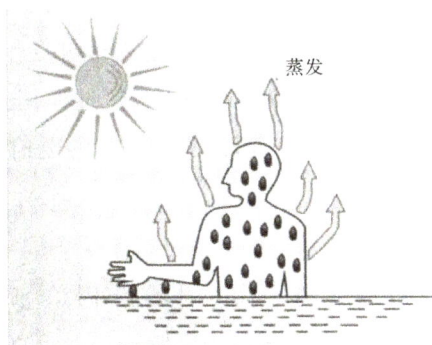

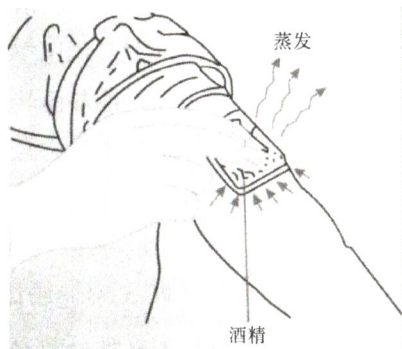

图2-1　水蒸发　　　　　　　　　　图2-2　酒精蒸发

2.2　知识链接

2.2.1　制冷技术基础知识

1.物质状态的变化

物质有三种状态:气态、液态、固态。三种状态可以相互转变,固态变成液态叫熔化,液态变成气态叫蒸发,固态变成气态叫升华,气态变成液态叫冷凝。物质状态的变化关系如图2-3所示,不同状态的相互转变过程中,会吸收或放出热量,这种热量称作潜热。物质从质密态变化到质稀态,将吸收潜热;反之,物质从质稀态变化到质密态,将放出潜热。

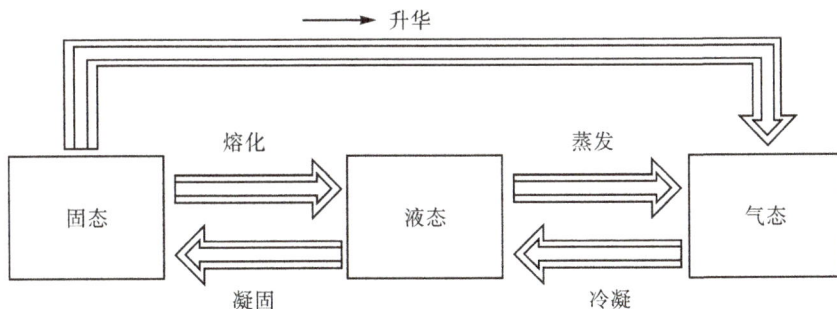

图2-3　物质状态的变化关系

2.蒸发与冷凝

(1)蒸发是指任何温度、压力下在液体发生的汽化现象。液体蒸发时汽化的分子需要吸收液体中的或外界的热量,因此,液体蒸发的快慢与液体的温度、液体蒸发面积、液体表面气体的流速等都有关系。

空调制冷系统中,进入蒸发器的液态制冷剂的汽化过程实际上是液态制冷剂的蒸发过程,制冷剂在蒸发器中的汽化过程从蒸发器周围空气中吸收热量,使流经蒸发器进入车内的空气变冷。

(2)冷凝是气态物质经过放热冷却而转变为液态的过程,冷凝过程为放热过程,空调制冷系统中,进入冷凝器的气态制冷剂处于气态转变为液态的冷凝过程,制冷剂蒸气冷凝时将放出的热量传递给冷凝器周围的空气,并通过热对流传到大气中。

3.显热和潜热

(1)物体在吸热或放热过程中,只是物体温度的升高或降低,其物体状态(固态、液态、气态)不发生改变,物体吸收或放出的这部分热量称为显热。比如,水在未沸腾(<100 ℃)以前对其所加的热即为显热,热水慢慢变冷所放出的热也是显热。

(2)物体在吸热或放热过程中,只是改变了物质的物态,而其温度未能改变,比如,水在沸腾时转变为水蒸气,液态水的温度则保持在100 ℃,此时水所吸收的热称为潜热。显热和潜热的状态变化如图2-4所示。

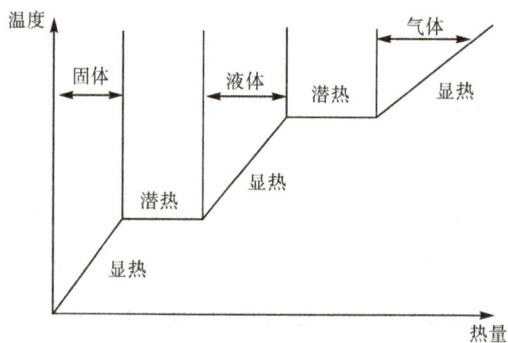

图2-4 显热和潜热的状态变化

4.热力学定理

一切物质都具有能量。能量既不可能被创造,也不能被消灭,它只能在一定的条件下从一种形式转变为另一种形式;而在转换中,能量的总量恒定不变,这是热力学第一定律的实质。

热可以自发地从高温物体传到低温物体,但却不能自发地从低温物体传到高温物体;气体自发向真空膨胀,但却不能自发压缩,空出一个空间;两种气体可自发地混合,却不可自发地分离,这是热力学第二定律的实质。

2.2.2 制冷原理

1.制冷方式

制冷是用人工的方法,利用物质汽化吸热、液化放热的原理,把某物体或某空间的温度降低到低于周围环境的温度,并使之维持在这一低温的过程,实质就是将热量从被冷却对象中转移到环境中。

(1)主要特点。

①制冷是将被冷却物体温度降到低于环境温度的过程;

②制冷是将热量由低温区转移到高温区的过程;

③制冷是消耗能量的过程。

(2)主要的制冷方法。

①蒸气压缩式制冷;

②蒸气喷射式制冷;

③吸收式制冷;

④吸附式制冷;

⑤空气膨胀制冷;

⑥热电制冷。

目前,汽车空调制冷系统主要采用蒸气压缩式制冷系统,它是由不同直径的管道和使其中流动的制冷剂会发生不同状态变化的部件组成,串接成一个封闭的循环回路,在系统回路中充入制冷剂,制冷剂在这个循环回路中能够不停地循环流动,利用制冷剂由液体状态汽化为蒸气状态过程中吸收热量,被冷却介质因失去热量而降低温度,达到制冷的目的。系统由压缩机、冷凝器、膨胀阀、蒸发器及其他辅助构件组成,如图2-5所示。

制冷系统的基本构成和工作原理

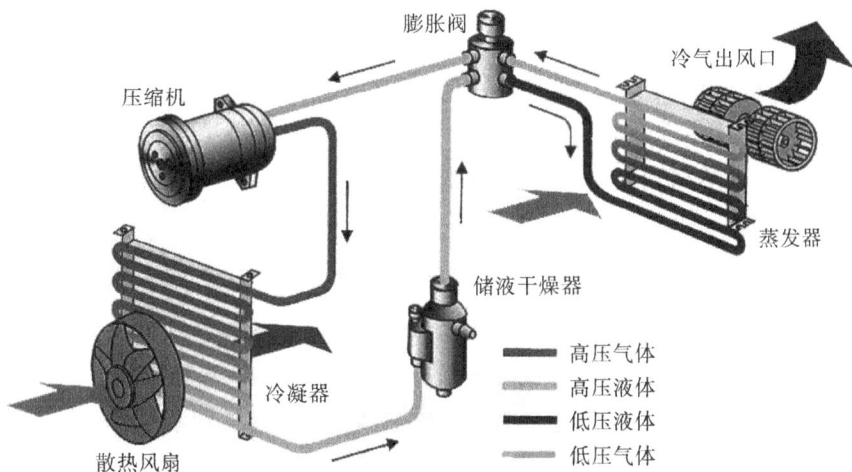

图 2-5 汽车空调制冷系统的组成

2.汽车空调制冷系统的工作原理

蒸气压缩式制冷是利用液体汽化时需要吸收汽化潜热的原理来实现热量转移传递,达到制冷目的的制冷方式。压缩机吸收蒸发器中产生的蒸气,并将它压缩到冷凝压力送往冷凝器,在冷凝压力下等压冷却和冷凝成液体,制冷剂冷却和冷凝时放出的热量传给冷却介质,冷凝后的液体通过膨胀阀节流降压后进入蒸发器,从被冷却物体中吸收热量变成蒸气。制冷剂循环包括四个过程,如图2-6所示。

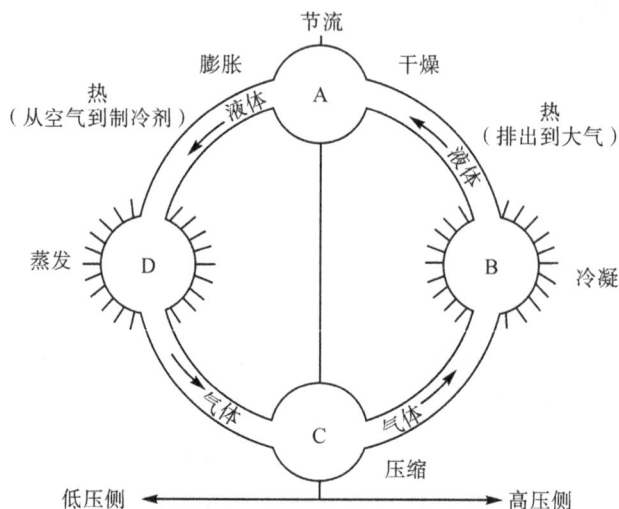

图2-6　蒸气压缩式制冷系统的制冷原理

(1)制冷剂压缩过程。压缩机对从蒸发器中吸入的低压、低温制冷剂蒸气进行压缩,使其成为高压、高温的制冷剂蒸气并送入冷凝器,压缩过程使制冷剂蒸气达到了液化所需的压力和温度。

(2)制冷剂冷凝过程。高压、高温的气态制冷剂在冷凝器中冷凝,并与车外空气进行热交换(放热),转变成高温、高压液态制冷剂,这一过程使制冷剂中的热量得以释放给冷凝器,冷凝器周围的热空气通过散热风扇传递给了车外的空气,冷凝后的液体通过高压管路进入储液干燥罐。

(3)制冷剂节流过程。从冷凝器流出的高压液态制冷剂经储液干燥器除湿、过滤后流经膨胀阀,由膨胀阀节流降压后送入蒸发器;节流过程降低了制冷剂的压力和温度,使之前的高压液态制冷剂变成低压雾状的液态和气态混合物制冷剂,以确保制冷剂在蒸发器中能完全汽化。

(4)制冷剂蒸发过程。低压、低温的雾状制冷剂(有少量蒸气)在蒸发器中汽化(沸腾),并与车内空气进行热交换(吸热),变成低压、低温气态制冷剂;蒸发器周围已被冷却了的空气通过鼓风机风扇吹入车内,使车内空气降温除湿。在压缩机的抽吸作用下,吸收了大量热量的制冷剂蒸气从蒸发器流出,经过低压管路进入压缩机,再由压缩机压缩成高温高压气体,如此循环制冷。

汽车空调制冷系统以制冷剂为热载体,通过上述四个过程的不断循环,将车内的热量转移到车外,实现车内降温和除湿的空气调节作用。

在制冷循环系统中,压缩机起着压缩和输送制冷剂蒸气的作用,它是整个系统的心脏。膨胀阀对制冷剂起节流降压作用,同时调节进入蒸发器制冷剂液体的流量,它是系统的高低压分界线。蒸发器是输出冷量的设备,制冷剂在其中吸收蒸发器附近空气的热量,这些空气的热量被吸收后温度就大幅度下降了。冷凝器是放出热量的设备,它把从蒸发器中吸收的热量连同压缩机做功耗能所产生的热量一起让冷却空气带走。

2.2.3　汽车空调系统的压力测试

一般汽车空调制冷不足可能是制冷剂不足或过量造成,这时就需要对空调制冷系统压力进行测试,根据压力判断空调系统故障,测试工具采用制冷系统压力测试表,制冷系统压力测试表又称为氟表、歧管压力表,是检查制冷系统压力正常与否的专用工具。

1. 氟表的结构组成

氟表的结构组成如图 2-7 所示,主要由高压表、低压表、高压手动阀、低压手动阀、高压软管、低压软管和维修软管等组成,其中,红色管为高压软管,蓝色管为低压软管,黄色管为维修软管。

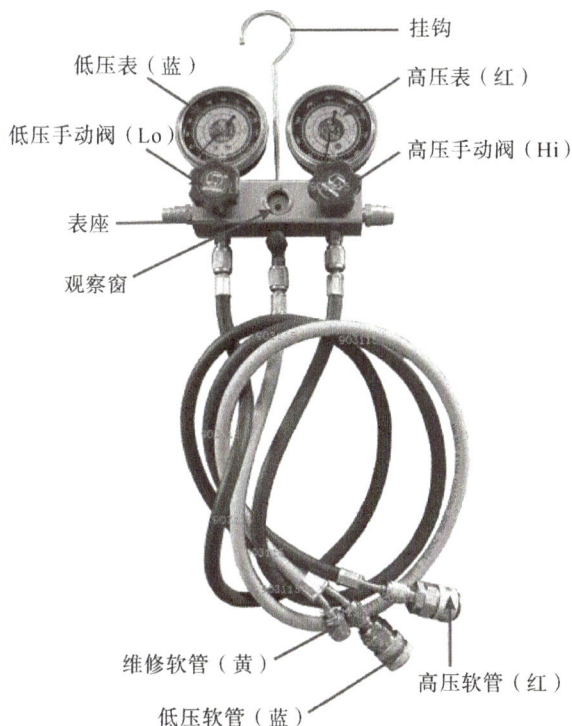

图 2-7　氟表的结构组成

低压表,用来显示空调系统低压侧压强值的大小,真空度读数范围为 $0\sim0.101$ kPa,压强刻度从 0 开始,量程不少于 0.42 MPa;与蓝色低压管路接通。

高压表,用来显示空调系统高压侧压强值的大小,高压表测量的压强范围从 0 开始,量程不得小于 2.11 MPa;与红色高压管路接通。

低压手动阀,根据需要接通或关闭低压软管(蓝色)与维修软管(黄色)之间的管路连接。

高压手动阀,根据需要接通或关闭高压软管(红色)与维修软管(黄色)之间的管路连接。

汽车空调压力表读数有的是巴(bar),有的是千帕(kPa),有的是英制单位 psi,下面是单位换算公式:

$$1\text{ 巴(bar)}=0.1\text{ 兆帕(MPa)}=100\text{ 千帕(kPa)}=1.0197\text{ 千克力/平方厘米(kgf/cm}^2)$$

psi 是压强单位,英文全称为 Pounds per square inch(磅/平方英寸),欧美等国家习惯使用 psi 作压强单位。

$$1\text{ 千克力/平方厘米}=14.223\text{ 磅/平方英寸}=0.1\text{ MPa}$$

技术标准:停机时,高、低压压强值基本是相等的,为 $0.6\sim0.8$ MPa,空调系统运转时,低压压强值为 $0.15\sim0.3$ MPa,高压压强值为 $1.5\sim2.0$ MPa,如图 2-8 所示。

图 2-8　氟表的标准读数

2.氟表的应用

氟表是用连接软管与汽车空调系统建立连接的,蓝色连接软管与低压检修口连接,红色连接软管与高压检修口连接,黄色连接软管与真空泵或者制冷剂瓶连接,其使用方法如下。

(1)双阀关闭测压力。低压阀和高压阀同时关闭时,则可以对空调制冷系统内部的压力进行检测,检测制冷系统的高低压侧的压力,如图 2-9(a)所示。

(2)双阀打开抽真空。当高压手动阀和低压手动阀同时全部打开时,全部管道连通。在中间接头接上真空泵或空气泵,便可以对制冷系统进行抽真空或向系统内部充入压缩空气,如图

2-9(b)所示。

(3)单阀打开做充注:充注制冷剂和加注冷冻机油。当高压手动阀关闭,低压手动阀打开,中间黄色管接头接到制冷剂罐上或冷冻机油瓶上,则可以从低压侧向系统充注制冷剂或冷冻机油。只打开高压手动阀时,低压手动阀关闭,连通制冷系统高压侧与维修软管的管路,可以通过维修软管将制冷剂充入高压侧,如图 2-9(c)所示。

(4)先高后低放排空:制冷系统放空或排出制冷剂。先打开高压手动阀,当压力下降到350 kPa时,再打开低压手动阀,则可使系统向外放空或排出制冷剂,如图 2-9(d)所示。

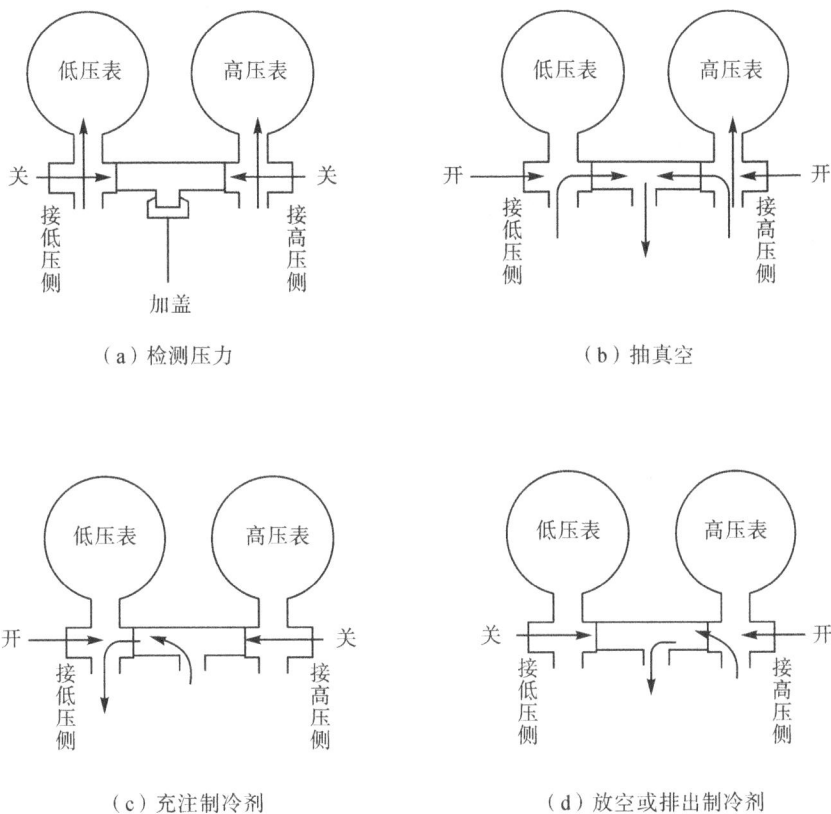

（a）检测压力　　　　　　　　　　　　　（b）抽真空

（c）充注制冷剂　　　　　　　　　　　（d）放空或排出制冷剂

图 2-9　氟表的功能

3.氟表使用时的注意事项

(1)氟表属于精密仪表,必须细心维护,不得损坏,要保持仪表及软管接头的清洁。

(2)不使用时,要防止灰尘、水或脏物进入软管;使用时要把管中的空气排出。

(3)压力表接头与软管连接时,只能用手拧紧,不能用扳手等工具拧紧。

(4)高、低压软管不能混用,低压软管一定不能接入高压系统中。

(5)对于使用不同制冷剂的系统,氟表应专用。

4.汽车空调系统压力测试步骤

(1)关闭氟表高、低压手阀。

(2)将氟表的高、低压管路分别与空调制冷系统的高、低压管路相连接;把氟表上的低压软管连接到低压侧检修口上,高压软管连接到高压侧检修口上,中间管的另一端用布包好后放在一块干的布片上。将各软管接头用手拧紧,其中,粗管是低压软管,细管是高压软管,如图2-10所示。

(3)打开氟表高、低压手阀,观察空调不运转时的压力值。

(4)打开点火开关并启动发动机,使发动机以1500~2000 r/min运转。

(5)打开 A/C 开关,操作空调控制面板,将温度调至最低状态,迎面风开到最大挡。

(6)分别观察氟表的高、低压数值是否正常。

（a）高压检测接口　　　　　　　　　　（b）低压检测接口

图 2-10　　氟表的连接方法

5.判断压缩机高、低压侧的方法

(1)按制冷剂的流向判断。从压缩机流向冷凝器方向的为高压侧,从蒸发器流向压缩机方向的为低压侧。

(2)按连接压缩机的管道温度判断。使压缩机工作几分钟,手摸连接压缩机的管路,热的一侧为高压管路,冷的一侧为低压管路。

(3)按连接压缩机管道的粗细判断。观察连接压缩机的管路,较粗的管道连接的是压缩机的低压侧检修阀,较细的管道连接的是压缩机高压侧检修阀。

6.结果分析

(1)压力表的读数,若高、低压侧压力均很低,则说明制冷系统制冷剂不足,如图 2-11所示。

(2)压力表的读数,若高、低压侧压力均过高,则说明制冷系统制冷剂过多,如图 2-12所示。

（3）压力表的读数，若低压侧偏高，高压侧偏低，如增加发动机转速，高、低压变化都不大，则说明压缩机工作不良，如图2-13所示。

（4）压力表的读数，若低压侧出现真空，高压侧压力过低，则说明制冷系统制冷剂不循环流动，如图2-14所示。

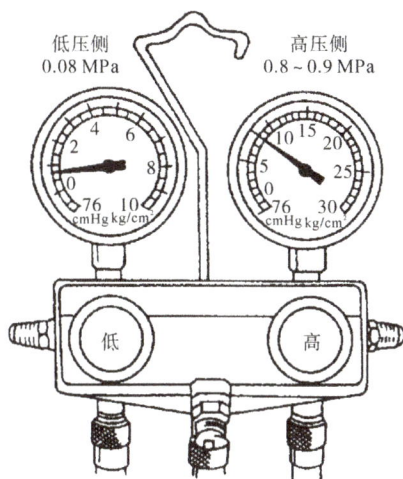

图2-11　制冷剂不足时压力表示图

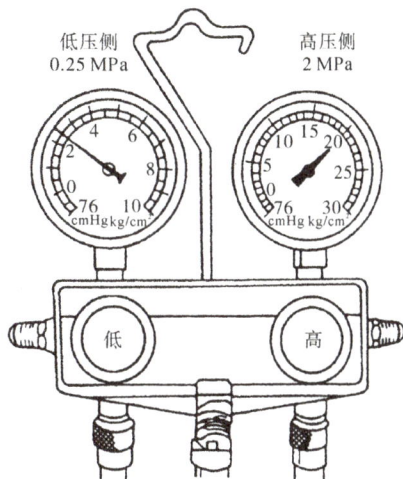

图2-12　制冷剂过多时压力表示图

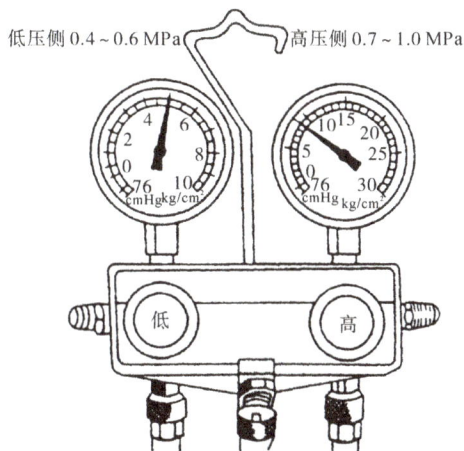

图2-13　压缩机工作不良时压力表示图

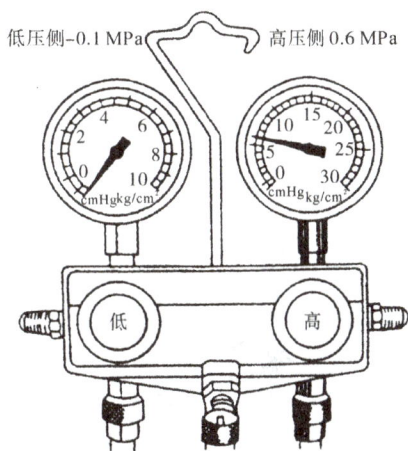

图2-14　制冷剂不循环流动时压力表示图

2.2.4　汽车空调制冷系统的检漏

汽车空调的工作条件恶劣，经受较强的振动，容易造成零件、管路的损坏和接头的松动，从而导致制冷剂泄漏，因此需要对制冷系统进行检漏，常用的检漏方法有下面几种。

1.外观检漏

通过观察检测泄漏部位,泄漏部位往往会泄漏冷冻机油,如果发现某处有油污,可用干净白抹布擦净,如果仍然有油污渗出,说明此处泄漏。

压缩机至冷凝器之间的连接管由于压力大,其管路接头部分是油污最可能形成的地方,冷凝器由于其所处的位置也易出现泄漏,所以对这些地方要重点检测。

2.用检漏仪检漏

(1)用电子检漏仪检漏。空调系统电子检漏仪又叫"电子鼻",是用来检测空调系统制冷剂泄漏的专用工具,当检测到空气中有制冷剂时,电子检漏仪会根据空气中所含制冷剂的浓度发出不同显示信号和声音信号。空调系统电子检漏仪具有方便快捷、安全、操作简单、灵敏度高、质量轻、体积小等优点,如图 2-15 所示。

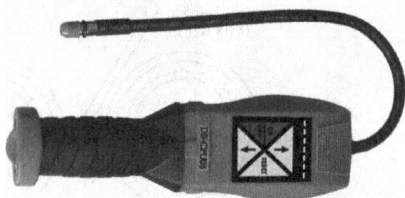

图 2-15　空调系统电子检漏仪

使用电子检漏仪检测制冷剂是否泄漏前,需保证发动机舱内及所在工作环境的空气中没有人为造成的制冷剂残留,以保证其检测数值的准确性。由于制冷剂密度大于空气,故检测时,只需将检测探头伸入管路接口下方或怀疑泄漏点的下方即可,然后通过声音或仪表指针便可方便地判断出是否泄漏及泄漏量。

(2)用荧光测漏仪检漏。荧光测漏仪是将荧光液与制冷剂混合一同充入到空调系统内部,若空调系统存在泄漏,则在运行过程中,荧光液会同制冷剂一同从泄漏点排出,并滞留于泄漏点附近,此时,通过使用紫外线灯便可找出泄漏点,如图 2-16 所示。荧光测漏仪能够精确确定微小的泄漏。

（a）充入荧光液　　　　　　　　　　　（b）用紫外线灯检漏

图 2-16　空调系统荧光测漏仪检漏法

荧光测漏液充入制冷系统,不影响空调系统的正常使用。

(3)真空检查泄漏。这是对密封的空调系统进行抽真空的处理方法,在向空调系统加注制冷剂前都需要进行真空检漏,确认系统无泄漏后方可添加制冷剂。

用真空泵把系统抽到真空度为 0.1 MPa,24 小时后真空度没有明显减小就可以认为没有泄漏。

(4)压力检漏。将空调氟表的高、低压软管分别连接在空调系统高、低压侧的快速接口上,并将氟表的维修软管连接在空气泵的出气孔上;打开氟表上的高压手动阀并启动空气泵,向制冷系统充入氮气,然后将肥皂水涂抹在怀疑泄漏的部位,观察高压压力表达到 1.5～2 MPa 时关闭高压侧阀门,关闭空气泵或断开氟表维修软管与空气泵的连接,观察有无气泡产生,如果有泄漏,泄漏处会出现肥皂泡,如图 2-17 所示。大多数维修站都采用此种方法检测空调制冷系统是否存在泄漏。

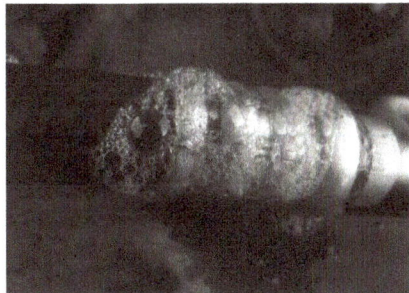

图 2-17 压力检测法

注意:采用压力检漏时不能使用压缩空气,因为压缩空气里面有水分,水分滞留在制冷管路里会造成膨胀阀冰堵。工业氮气没有腐蚀性、不含水分,价格便宜,所以可以使用氮气,但瓶装高压氮气一定要用减压表。

▷ 2.3 任务实施 汽车空调制冷系统的压力检测和泄漏检查

2.3.1 任务准备

准备实训车辆、三件套、氟表、电子检漏仪、工具套件、手套、防护镜、吹尘枪,实践相关车辆维修保养手册及使用手册。防护用品如图 2-18 所示。

（a）防护镜

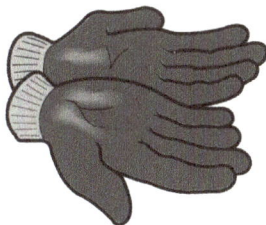
（b）手套

图 2-18 防护用品

2.3.2 操作步骤

1.空调压力检测操作步骤

在对汽车空调系统进行检查时,应将汽车停放在清洁通风良好、防潮和防火的场地上,按照表2-1中的步骤进行操作,全程操作须戴上手套和防护镜。

表2-1 空调压力检测步骤

步骤	工作内容	工具/辅具	注意事项
1	铺设三件套,戴上防护用品,打开机舱盖清洁发动机舱	三件套、吹尘枪	注意不要划伤车辆,注意掩住口鼻,尽量避免吸入灰尘
2	关闭氟表高、低压手阀	氟表	—
3	将氟表的高、低压管路与空调制冷系统的高、低压管路相连接,如图2-19所示	氟表	连接氟表以前要确保高、低压手动阀处于关闭状态
4	打开氟表高、低压手阀,观察制冷系统启动前的氟表读数	氟表	正常情况下,高、低压数值相等,为$0.6\sim0.8$ MPa
5	启动发动机,以2000 r/min运转	—	—
6	操作空调控制面板,将温度调至最低状态,风速调到最大	—	打开鼓风机开关
7	运行3 min后分别观察氟表的高、低压数值是否正常	—	正常值是低压为$0.15\sim0.3$ MPa,高压为$1.5\sim2.0$ MPa
8	记录,将测量数值记录到项目单中	—	—
9	关闭鼓风机开关和空调开关,关闭发动机	—	—

注:连接氟表以前,要确保高、低压手动阀处于关闭状态。

图2-19 氟表的连接安装方法

2.电子检漏操作步骤

（1）目视检测制冷系统所有的金属管、软管、冷凝器表面，尤其是金属管和软管连接处是否有油污，因为制冷剂泄漏时往往带出少量压缩机冷冻机油。

（2）首先将检测开关置于检测位置，接着调节控制旋钮，使之能听到固定的、有节奏的信号声，这表明空气处于即将电离的临界状态。

（3）把电子检漏仪的测量头对准可能有泄漏的地方的下部，如图 2-20 所示，若有制冷剂轻微泄漏，电子信号声便增强；若漏出较多，电子信号大增；若严重漏出，蜂鸣器报警。移动测量头，如果不是正对漏点，电信号比较弱，可由此来确定漏点。

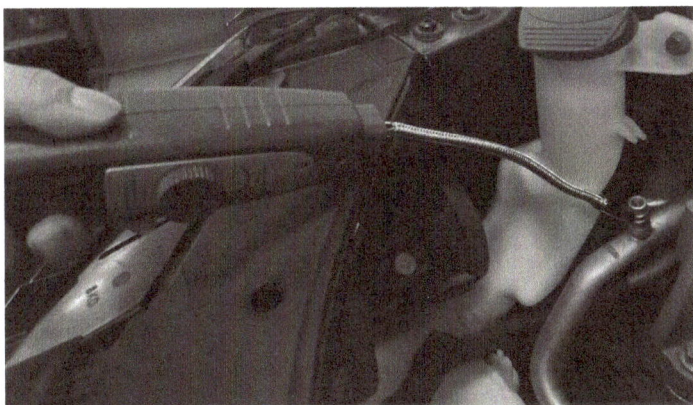

图 2-20 电子检漏仪检测方法

2.3.3 实施记录

（1）对空调制冷系统进行压力检测，并将检测结果填入表 2-2 中。

表 2-2 空调制冷系统压力检测结果

车型：		VIN：	
实施项目：			
	标准值	实际值	故障分析
高压侧压力			
低压侧压力			

(2)用电子检漏仪对空调制冷系统进行泄漏检查,并将检查结果填入表2-3中。

表2-3 空调制冷系统泄漏检查结果

车型:	VIN:	
实施项目:		
设备名称	泄漏常发生的部位	泄漏点描述
冷凝器	冷凝器进气管和出液管连接处	有☐ 无☐
	冷凝器盘管	有☐ 无☐
蒸发器	蒸发器进口管和出口管的连接处	有☐ 无☐
	蒸发器盘管	有☐ 无☐
	膨胀阀	有☐ 无☐
储液干燥器	易熔塞	有☐ 无☐
	管道接头喇叭口处	有☐ 无☐
制冷剂管道	高、低压软管	有☐ 无☐
	高、低压软管各接头处	有☐ 无☐
压缩机	部件	有☐ 无☐

思考与练习

1. 单选题

(1)汽车空调制冷循环四个工作过程的顺序是( )。

A. 压缩、冷凝、节流、蒸发　　　　　B. 压缩、节流、蒸发、冷凝

C. 蒸发、冷凝、压缩、节流　　　　　D. 蒸发、压缩、节流、冷凝

(2)在汽车空调的制冷循环中,冷凝过程是制冷剂( )的过程。

A. 从气态变为液态　　　　　　　　　B. 从液态变为气态

C. 从气态变为固态　　　　　　　　　D. 从固态变为液态

(3)下列说法正确的是( )。

A. 从气体变成液体时放出的热叫液化吸热

B. 从液体变成气体时所需的热叫蒸发吸热

C. 从固体变成液体时吸收的热叫溶解放热

D. 固体直接变成气体时吸收的热叫升华放热

(4)汽车空调系统中的动力设备是( )。

A.冷凝器　　　　　　B.蒸发器　　　　　　C.压缩机　　　　　　　　D.节流器

(5)高、低侧压力表读数均高于正常压力属于( )现象。

A.制冷剂不足　　　　　　　　　　　　B.制冷剂过多

C.系统内有空气　　　　　　　　　　　D.冷凝器散热不良

(6)下列元件中属于空调制冷系统的是( )。

A.空调压力开关　　　　　　　　　　　B.蒸发器

C.散热小水箱　　　　　　　　　　　　D.压缩机电磁离合器

(7)压缩机的主要作用是( )。

A.使制冷剂在制冷系统中循环

B.将低温低压的气态制冷剂压缩为高压高温的液态制冷剂

C.抽空低压,建立高压

D.以上都是

(8)空调制冷系统压力正常应为( )。

A.高压1.5 MPa,低压0.15 MPa　　　　B.高压150 kPa,低压15 kPa

C.高压2.0 MPa,低压0.3 MPa　　　　　D.高压200 kPa,低压20 kPa

(9)氟表上的三根软管分别为( )。

A.红色:高压软管;蓝色:维修软管;黄色:低压软管

B.红色:维修软管;蓝色:高压软管;黄色:低压软管

C.红色:高压软管;蓝色:低压软管;黄色:维修软管

D.红色:低压软管;蓝色:高压软管;黄色:维修软管

(10)对空调制冷系统进行压力检测时,高压侧压力过高,低压侧压力过低,可能是( )。

A.膨胀阀故障　　　　　　　　　　　B.制冷系统中存在空气

C.压缩机损坏　　　　　　　　　　　D.制冷系统泄漏

(11)甲说:肥皂水检漏只能用于空调系统低压侧;乙说:空调系统不工作时,肥皂水检漏既可用于低压侧也可用于高压侧。谁正确?( )

A.甲正确　　　　　B.乙正确　　　　　C.两人均正确　　　　　D.两人均不正确

(12)如果空调压缩机内部漏气,从压力表处可观察到( )。

A.高压侧压力太高　　　　　　　　　　B.高、低压侧压力都偏低

C.低压侧压力太高　　　　　　　　　　D.以上都不正确

(13)利用气体进行制冷系统的检漏试验时,试验介质宜采用( )。

A.氮气　　　　　　B.氧气　　　　　　C.压缩空气　　　　　　D.氟利昂气体

2. 判断题

(1)汽车空调压缩机吸入低温低压制冷剂蒸气。　　　　　　　　　　　　　( )

(2)氟表组中,高压表是红色的,低压表蓝色的。　　　　　　　　　　　　( )

(3)制冷剂的净化是指用专用设备对回收的制冷剂进行循环过滤,去除其中的油、水、酸和其他杂质,使其能够重新利用的过程。　　　　　　　　　　　　　　　　　( )

(4)汽车空调制冷系统主要由压缩机、冷凝器、蒸发器、膨胀阀和储液干燥器组成。　( )

(5)制冷系统是利用制冷剂在系统循环过程中发生化学变化时吸热和放热的。　( )

(6)从蒸发器出来的制冷剂,为高温高压的液体。　　　　　　　　　　　　( )

(7)高压液态制冷剂在经过膨胀阀后会变成低压液态的制冷剂。　　　　　　( )

(8)小型制冷装置可充入一定压力的氧气进行检漏。　　　　　　　　　　　( )

(9)可以使用氮气、氦气对空调系统进行密封性检查。　　　　　　　　　　( )

(10)用电子检漏仪对制冷系统进行测漏时,应将探头放到管路上方进行检查。　( )

(11)汽车空调系统高压特别低时,说明制冷剂量不足。　　　　　　　　　　( )

(12)在空调制冷装置中,冷凝器与蒸发器之间的连接部件是压缩机。　　　　( )

(13)制冷压缩机输出端、高压管路、冷凝器、储液干燥器、液体管路构成高压侧。　( )

(14)从冷凝器出来的液体制冷剂,已经没有热量,经过节流才能吸热。　　　( )

(15)蒸发器也是一种热交换器,其作用是将膨胀阀出来的低压液态制冷剂蒸发而吸收热量。

　　　　　　　　　　　　　　　　　　　　　　　　　　　　　　　( )

3. 问答简述题

(1)简述汽车空调制冷的工作原理。

(2)制冷系统检漏方法有哪几种?

(3)什么叫压力检漏? 如何操作?

(4)简述汽车空调系统的压力检测步骤。

制冷剂的排空与加注

▷ 3.1　教学目标

知识目标

（1）掌握制冷剂的特性和作用。

（2）掌握冷冻机油的特性和作用。

（3）掌握制冷剂的排空与加注的方法。

能力目标

（1）能够按照正确步骤使用一体机进行制冷剂回收和加注。

（2）能够对空调制冷系统进行制冷剂补充加注。

素质目标

（1）养成严谨细致的工作态度。

（2）掌握制冷剂加注时的防护措施。

（3）养成环保意识。

案例导入

在炎热的夏天开车行驶时，开启空调，可能出现空调制冷效果不好或空调完全不起作用的情况，这肯定是制冷系统出现问题了，这时我们要对制冷系统进行检查，当制冷系统出现泄漏，需要补充制冷剂，或者怀疑或确定某个元件损坏时，需对空调系统进行拆装检查，拆装前需首先对制冷系统中的制冷剂进行回收或排放，制冷系统维修安装完成后，需要对制冷系统进行制冷剂加注，如图 3-1 所示。

图 3-1 制冷剂的加注

▶ 3.2 知识链接

3.2.1 制冷剂知识

1.制冷剂的作用

制冷剂是制冷系统中的工作介质,故又称制冷工质、冷媒、雪种等,在制冷系统中用于转换热量并循环流动的物质称为制冷剂,用 Refrigerant(制冷)的第一个字母 R 表示;制冷剂在制冷系统中循环流动,在蒸发器内吸取被冷却物体或空间的热量而蒸发,在冷凝器内将热量传递给周围介质而被冷凝成液体,在压缩机的作用下制冷剂的这种相变不断循环,将车内的热量"搬移"到车外大气中,从而实现了制冷。

如果将制冷系统的压缩机比作人体的心脏,那制冷剂就相当于人体中的血液,通过压缩机的循环泵作用,制冷剂在制冷管路中不断流动循环,使制冷系统能不断地工作。

2.制冷剂的种类与编号

为了满足不同场合的需求,制冷剂的种类也有不同,如图 3-2 所示,按照其分子式和组成不同,主要分成下面几大类。

(1)无机化合物,如水、氨、二氧化碳等。

(2)饱和烃的卤化物(氟利昂),如 R12、R22、R134a 等。

（3）碳氢化合物（烃类），如丙烷、异丁烷等。

（4）共沸制冷剂，如 R502 等。

（5）非共沸制冷剂，如 R407C 等。

图 3-2 不同制冷剂的包装

3. 对制冷剂的要求

（1）热力学方面的要求。

①沸点要低；

②临界温度要高、凝固温度要低；

③具有适宜的工作压力，冷凝压力和蒸发压力压差要小，比值要小；

④汽化潜热大。

（2）物理化学方面的要求。

①黏度尽可能小，以减少流动阻力；

②热导率要求高，以易于传热散热；

③纯度高；

④热化学稳定性好，不与管道材料发生反应，不与压缩机的钢壳发生反应，不与冷冻机油发生反应，不破坏大气臭氧层；

⑤良好的电绝缘性。

（3）安全性方面的要求。

①在工作温度范围内不燃烧、不爆炸；

②无毒或低毒，相对安全性好；

③具有易检漏的特点。

（4）经济性方面的要求。制冷剂的生产工艺要简单，价廉、易得。

4. 氟利昂制冷剂的性质

氟利昂是一种高效制冷剂，大量用于各种制冷系统中，它是一系列制冷剂的统称，氟利昂制冷剂有下列共性：

（1）无毒。热稳定性和化学稳定性较好，能适应不同制冷温度和制冷量的要求。

（2）分子量大，比重大，传热性能较差。

（3）对金属材料的腐蚀性较小，但对天然橡胶、树脂、塑料等非金属材料有腐蚀作用。

（4）溶水性差，系统中需严格控制含水量，以防"冰堵"或者因水释解出酸性物质发生腐蚀。

（5）遇明火时会分解出对人体有毒害的气体物质等，因此生产和使用场所严禁明火。

（6）无味，渗透性强，所以在系统中极易泄漏，且泄漏不易被觉察，所以通常要进行检漏。

5. 汽车空调用制冷剂的特性

常用的汽车空调制冷剂为氟利昂系列中的 R12 和 R134a，如表 3-1 所示。R12 由于对大气臭氧层有破坏作用，目前已禁止使用，现在，美国、日本及我国都以 R134a 作为 R12 的替代物，而在欧洲，也有使用天然的碳氢化合物作制冷剂。

表 3-1　制冷剂 R12 和 R134a

制冷剂	名称	化学式	备注
R12	二氯二氟甲烷	CCl_2F_2	一种氯化碳氢化合物(CFC)对环境有害
R134a	四氟乙烷	$CH_2F—CF_3$	一种碳氟化合物(HFC)对环境无害

R134a 与 R12 空调系统相比，两者热力性质和系统结构相似，最大的不同之处是两者所搭配的冷冻机油，冷冻机油是一种与制冷剂相溶，能够对压缩机起润滑作用且化学性质稳定的液体润滑剂，R12 搭配的冷冻机油是一种可溶于 R12 之中的矿物油，而 R134a 是一种分子极性较强的致冷剂，它与矿物油是非共溶性的，就好像油水分离，无法对空调系统起润滑作用，因此 R134a 的冷冻机油一般是用一种叫作 PAG 或酯类的润滑剂，由于这种润滑剂的特殊性，R134a 空调系统对橡胶材质的要求及本身的性质均与 R12 有所不同，因此 R134a 只能在专门与其配套的系统中工作，凡是车用的 R134a 空调系统，厂方都会在压缩

图 3-3　R134a 制冷剂

机、冷凝器、蒸发器、橡胶管和灌充设备上注明 R134a 的标志以防误用。

目前空调系统制冷剂多是用 R134a 制冷剂，如图 3-3 所示，而市面上 R134a 制冷剂的价格

又是 R12 的三倍左右,因此市场上部分不良商贩将 R12 冒充 R134a 出售或加注,将 R134a 制冷剂改为灌充 R12 制冷剂,虽然一样可以进行制冷,但会损害压缩机。因为一般压缩机都已注入一些同质冷冻机油,在清理后仍会残留一些冷冻机油在系统里面,两种制冷剂的冷冻机油混在一起就会慢慢失去润滑作用而损害系统,因此空调系统使用了一种类型的制冷剂就不能再使用其他类型的制冷剂,R12 和 R134a 制冷剂任何情况下不可混用。

6. R134a 制冷剂的性质

(1)物理特性。

沸点:-26.5 ℃;

冰点:-101.6 ℃;

临界温度:100.6 ℃;

临界压力:4.056 MPa。

(2)化学特性。

①无色无味,无毒,无易燃易爆,但在高温下或遇明火和红热表面时将分解出有毒的刺激性气体;

②对某些橡胶有腐蚀作用;

③腐蚀有色金属,如铜和铅;

④具有很高的吸湿性;

⑤与 R12 不同,它不会破坏臭氧层;

⑥不能与 R12 混用,否则会导致制冷效果下降,严重者损坏空调系统。

制冷剂的
特点及要求

7. 制冷剂循环过程的状态图表

状态图表体现了制冷剂在一定压力和温度下状态的变化,以及制冷剂恢复其初始状态时的能量平衡状况,它显示出实现预期的制冷能力需要哪些能量(蒸发器热能、冷凝器热能)。

图 3-4 所示为汽车空调制冷剂 R134a 的状态图表,图中 A→B→C→D→A 就是制冷循环在制冷剂循环过程的状态图表中的表示方法。

状态图表以绝对压力为纵坐标,单位为 MPa;以能量值为横坐标,单位为 kJ/kg。制冷循环过程的状态图表主要包含以下几方面的内容。

(1)一个点:制冷剂的临界点。

(2)两条线:图中临界点左边的粗实线为饱和液体线,线上的任何一点代表一个饱和液体状态,右边的粗实线为饱和蒸气线,线上任何一点代表一个饱和蒸气状态。

(3)三个区域:两条饱和状态线将状态图分为三个区域。饱和液体线的左边为过冷液体区,过冷液体的温度低于相同压力下饱和液体的温度;饱和蒸气线的右边是过热蒸气区,该区域内的蒸气称为过热蒸气,它的温度高于同一压力下饱和蒸气的温度;两条线之间的区域为两相区,制冷剂在该区域内处于气、液混合状态。

（4）五种状态：两条线和三个区域可以表示制冷剂的五种状态，即过冷状态、饱和液态、湿蒸气态、干饱和蒸气态、过热蒸气态。

（5）六类等参数线簇：

①等压线——水平线；

②等焓线——垂直线；

③等温线——在液体区几乎为垂直线，在两相区内是处于饱和状态的水平线，在过热蒸气区为向右下方弯曲的倾斜线；

④等熵线——向右上方倾斜的实线；

⑤等容线——向右上方倾斜的虚线，其斜率比等熵线小；

⑥等干度线。

通过分析制冷循环在状态图表中的变化过程，可以确定制冷剂的状态参数，分析其能量变化。

如在图3-4中，压缩机中的压缩过程A→B：压力和温度升高，制冷剂变成高温高压气体。冷凝器中的冷凝过程B→C：高压，温度会略微下降，制冷剂经过冷凝器后变为高温高压的液体。膨胀阀中的膨胀过程C→D：压力突然降低，导致蒸发，制冷剂变成低压低温的雾状制冷剂。蒸发器中的蒸发过程D→A：通过吸热，制冷剂变成低温低压的气体制冷剂。

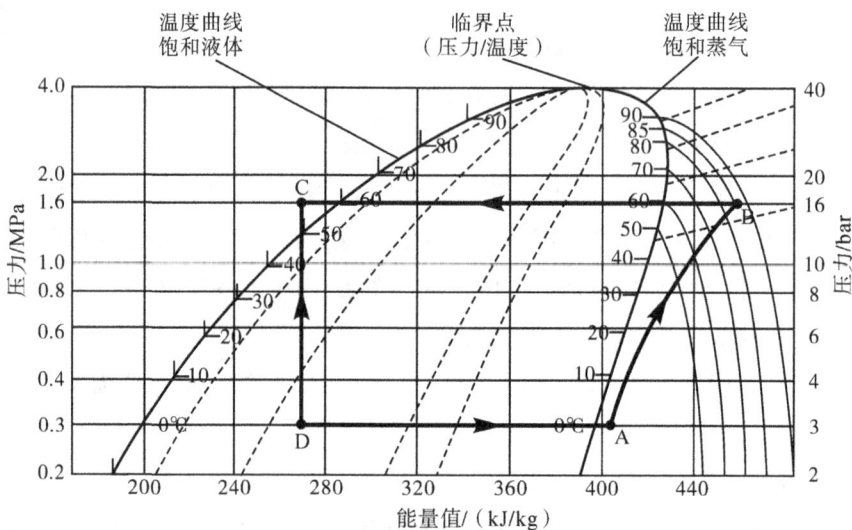

图3-4　空调制冷剂R134a的状态图表

8.制冷剂贮存的注意事项

（1）存放制冷剂的钢瓶必须经过耐压试验，并定期进行检查。

（2）不同的制冷剂应采用固定的专用钢瓶，装存不同制冷剂的钢瓶不要互相调换使用。

（3）不同制冷剂的钢瓶要漆成不同颜色,如氟利昂钢瓶漆成银灰色;并在钢瓶上标明所存制冷剂的名称,例如氨、氟利昂等字样。

（4）贮存制冷剂的钢瓶不得露天安放或爆晒在阳光下,应贮存在阴凉、干燥、通风的室内,防止受潮而腐蚀钢瓶,安放地点不得靠近火源及高温物品。

（5）在运输过程中严防钢瓶相互碰撞,以免发生爆炸的危险。

（6）当钢瓶内的制冷剂用完后,应立即关闭控制阀,以免漏入空气和水分。

9.制冷剂使用时的注意事项

（1）避免吸入制冷剂和润滑油的蒸气。

（2）必须在通风的环境下作业,当制冷剂排到大气中超过一定量时,会使大气中的氧气浓度下降,使人窒息。

（3）远离火源和任何高温物品,制冷剂燃烧时会产生有毒气体。

（4）不可用高压空气进行压力测试和泄漏实验,R134a 和空气混合后在高压下易自燃。

（5）严禁将制冷剂接触人体任何部位,以免发生冻伤事故,尤其危险的是,当其进入眼球时,会冻结眼球中的水分,有可能造成失明的重大事故。

（6）操作时须戴好手套和护目镜。

（7）制冷剂气体不许排到空气中,以免危害环境。

3.2.2 冷冻机油知识

制冷压缩机使用的润滑油叫作冷冻机油,是制冷压缩机的专用润滑油,它具有润滑、密封、冷却、降低压缩机噪声等作用,可以保证压缩机正常运转、可靠工作,延长压缩机使用寿命。

目前 R134a 空调系统使用的是代号为 PAG（聚亚烷基二醇）的冷冻机油。

1.冷冻机油的作用

（1）润滑作用。压缩机是高速运转的机器,冷冻机油用于向压缩机的轴承、活塞等运动件提供润滑作用,以减少阻力和摩擦,延长使用寿命,减小功耗,提高制冷效率。

（2）密封作用。油的黏度使运动部件间形成油膜,冷冻机油可形成传动轴油封、活塞环密封,以阻止制冷剂蒸气泄漏。

（3）冷却作用。冷冻机油流经各润滑工作表面,带走运动件摩擦表面产生的热量。使压缩机温度不致过高而损坏或无法工作。

（4）降低噪声。冷冻机油在压缩机相对运动件之间形成油膜,减小了运动机件的冲击振动,降低了压缩机的工作噪声。

2.冷冻机油特性

（1）可溶于制冷剂 R134a。

（2）良好的润滑性能。

（3）不含酸。

（4）吸湿性强。

（5）不溶于其他机油。

（6）淡黄色，无味，无毒。

冷冻机油通过制冷循环分配，空调系统工作时冷冻机油在各系统中按图3-5中的比例分配。

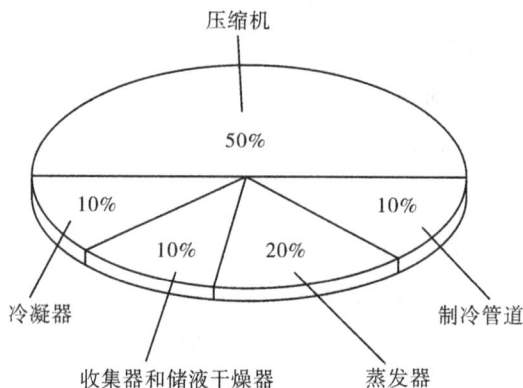

图3-5 冷冻机油在制冷系统中的分配

3. 系统对冷冻机油的要求

冷冻机油的工作条件与发动机润滑油完全不同，冷冻机油在工作时完全溶于制冷剂。制冷剂的蒸发温度范围为 $-30\ ℃\sim 10\ ℃$，而在轴承等处的温度可达 $120\ ℃$。可见，冷冻机油是在温度变化较大的条件下工作的。为确保制冷系统正常工作的，对冷冻机油有一些特殊的要求。

（1）较低的凝固点。凝固点低可确保其低温时有良好的流动性。如果冷冻机油的凝固点高，则低温时的流动性就差，冷冻机油就容易沉积在蒸发器内影响制冷效率和制冷能力，或凝结在压缩机底部，失去润滑作用而导致运动部件损坏。

（2）与制冷剂的溶解性好。在汽车空调制冷系统中制冷剂与冷冻机油混合在一起，工作时冷冻机油随制冷剂一起循环流动，这就要求冷冻机油与制冷剂有良好的溶解性。冷冻机油与制冷剂的互溶性是确保汽车空调制冷系统正常工作的基本要求。

（3）具有适当的黏度。冷冻机油的黏度过大和过小都对压缩机工作不利：冷冻机油的黏度越大，压缩机克服阻力而损耗的能量就越多（即功耗越大），需要的启动转矩也增大，压缩机部件所承受的压力也要相应增大；冷冻机油的黏度过小，则轴承及有相对运动的摩擦副处不能建立起所需要的油膜，会加速摩擦表面的磨损，并且还会影响机械密封性能；冷冻机油的黏度过大和过小都会引起气缸温度升高，造成排气温度升高，影响制冷系统正常工作。

（4）要有较好的黏温性能。黏温性能好是指液体黏度受温度变化的影响小。冷冻机油在制冷系统中工作时会遇到高达 $120\ ℃$ 以上的高温工作条件，也会遇到 $0\ ℃$ 以下的蒸发器低温工作条件,所以要求在温度变化时油的黏度变化要小,即在各种温度条件下都具有良好的润滑性能。

(5)具有较高的热稳定性。冷冻机油在高温下不氧化、不分解、不结胶、不积炭,此外,对金属、橡胶、干燥剂等材料不产生化学作用。

(6)吸水性要小。冷冻机油的吸水性小,主要指机油中的自由水分少,如果冷冻机油中的自由水分含量大,当通过膨胀阀等节流装置时,就会因低温而结成冰,造成冰堵,影响系统制冷剂的流动。此外,冷冻机油中的水分还会造成镀铜现象及某些材料的腐蚀、变质。因而冷冻机油的吸水性是一个重要指标。

(7)具有良好的电气绝缘性。良好的电气绝缘性能是全封闭压缩机用的冷冻机油所需具备的重要性能,一般纯粹的冷冻机油绝缘性能是良好的,但当油中含有水分、灰尘等杂质时,其绝缘性能就会降低。

4.冷冻机油的使用注意事项

(1)必须严格使用原厂原车规定的冷冻机油牌号,或具有同等性能的冷冻机油,不得使用其他牌号冷冻机油代替,防止损坏压缩机。

(2)冷冻机油吸收水分能力极强,所以,在加注或更换冷冻机油时,操作必须迅速,加注完后应立即封紧油罐,防止出现渗透现象。

(3)不得使用变质的冷冻机油,也不能将不同牌号的冷冻机油混合使用。

(4)冷冻机油会妨碍热交换器的换热效果,所以,在加注时只允许加注规定的量,过量使用会降低汽车空调的制冷效果;过低则会降低压缩机寿命。

(5)在排放制冷剂时要缓缓进行,以免冷冻机油和制冷剂一起喷出。

汽车空调冷冻机油一般密封于塑料瓶或金属罐内,如图3-6所示,有质量标注(g)或容量标注(mL),规格为300 g、70 g、100 mL不等。

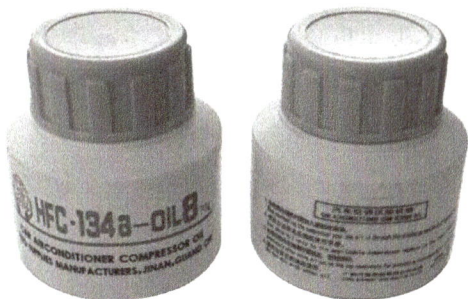

图3-6 冷冻机油的包装形式

5.补加冷冻机油

新装汽车空调中,只有压缩机内有冷冻机油,油量一般为280~350 mL。不同型号的压缩机内充油量也不同,具体应查阅维修手册。

如果更换压缩机,则应同时更换冷冻机油,冷冻机油的添加量应以压缩机内剩余冷冻机油量为标准,或者参考新压缩机油量减去系统中其他部件残存油量上限之和。

空调运行过程中,压缩机冷冻机油会随着制冷剂在系统中循环,因此,运行过后的空调系统中,各个零部件中一般都会残存一部分冷冻机油。

维修过程中,如果更换了系统中的其他部件或管路,由于这些部件中残存有冷冻机油,因此,更换时应当向系统内补充适量的冷冻机油,表3-1所示为不同车型制冷剂和冷冻机油的加注量。

R134a 制冷剂用制冷剂油

表 3-2   不同车型制冷剂和冷冻机油的加注量

车型	制冷剂/g	冷冻机油/mL
捷达	800±50(700)	115+15
高尔夫	850+30	115+15
宝来	750+50	135±15
奥迪 200	750+50	250+50

注意:当处理压缩机的冷冻机油时,应戴防护手套。如果冷冻机油接触到皮肤,应立即用肥皂水冲洗。过量的皮肤刺激可能会发展成长期炎症或重复感染。

3.2.3 制冷剂的排空与充注

1.传统的排空制冷剂方法

制冷系统制冷剂的排空有两种方法,一种是利用制冷剂加注、回收多功能机进行回收;另一种是传统排空法,下面是传统排空法的操作步骤。

(1)将氟表连接到系统的高、低压检修阀上,启动发动机并打开空调系统,将空调温度调至最低,鼓风机调到最高转速,使发动机以 1000~2000 r/min 运转 10~15 min,然后关闭发动机。

(2)慢慢打开氟表的低压手动阀,并将氟表的维修软管放置在带刻度的容器内,用以收集随制冷剂流出的压缩机油。当低压压力降至 350 kPa 左右时,再缓慢打开氟表高压手动阀,注意开度不要太大,如果此时压缩机油流出较多说明放泄速度太快,应关小高、低压手动阀。

(3)氟表的高、低压力表指示为零,制冷剂不再泄出时关闭手动阀,制冷剂排放结束。

注意:使用传统的制冷剂排放方法时,一定要在通风良好的室外进行。

制冷剂排空操作的连接方法如图 3-7 所示。

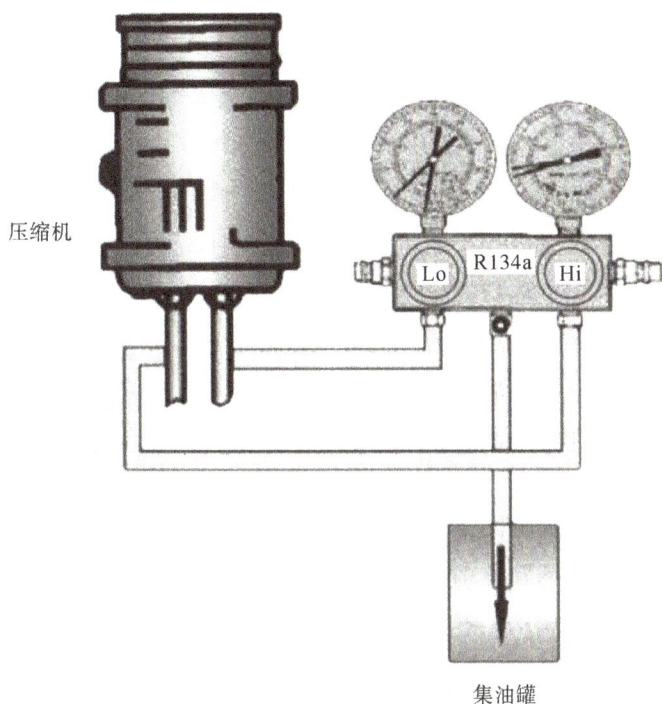

图 3-7 制冷剂排空操作的连接方法

2.制冷系统抽真空

制冷系统中若存在空气则会阻碍制冷剂的循环,导致压缩机排气压力增大,排气温度升高,导致压缩机过热,影响制冷效果,同时,空气中的氧和水分会与冷冻机油发生化学反应,使冷冻机油变质。

此外,空气中的水分还会造成膨胀阀冰堵,影响制冷剂循环;水分还会与制冷剂反应生成酸性物质,腐蚀系统部件;因此,抽真空的目的是排出制冷系统内残留的空气和水分,同时也可进一步检查系统的密闭性,为向系统内充注制冷剂做好准备,抽真空的设备为真空泵,如图 3-8 所示。

图 3-8 真空泵

抽真空的步骤包含以下几步。

(1)将氟表的两根高、低压软管等分别接在高、低压气门阀上,将中间维修软管与真空泵相连接,打开氟表上的高、低压手动阀。

(2)启动真空泵,将系统压力抽至低压表显示−100 kPa以上,如图3-9所示,并连续抽真空15 min以上,关闭氟表的手动阀和真空泵,并先停置5~10 min,如果低压表指针缓慢上升,说明系统还存在泄漏,应对系统进行检漏。

(3)如果停置5~10 min以后,低压表指示值没有变化,则继续抽真空20~30 min,待低压表指针停稳不变化时,先关闭高、低压手动阀,再关闭真空阀,其目的是防止空气进入制冷系统。结束抽真空工作。

注意:停止抽真空时,应先关闭氟表的高、低压手动阀后,方可关闭真空泵,防止空气回窜到系统中,抽真空的时间不得少于30 min。

图3-9　低压表读数

3.制冷剂的充注

在制冷系统经过抽真空且确认没有泄漏后,可开始对制冷系统充注制冷剂。制冷剂的充注有两种方法,一种是从高压端充注,充注的是液态制冷剂;另一种是从低压端充注,充注的是气态制冷剂。

(1)从高压端充注制冷剂步骤。

①当系统抽真空后,关闭氟表上的高、低手动阀,将氟表中间的维修软管(黄色)与制冷剂罐连接好,如图3-10所示。

②用制冷剂排除氟表中管路中的空气,打开制冷剂罐开启阀,拆下氟表高压软管与空调系统的连接,打开氟表高压手动阀,当高压软管有制冷剂排出时,迅速将高压软管与系统高压接口连接,并关闭高压手动阀。用同样的方法,排除氟表低压软管内的空气。

③打开氟表的高压手动阀,并观察高压表指针,当高压表指针不再上升时,关闭氟表高压手动阀阀门。

注意:在进行高压端充注时,严禁打开空调

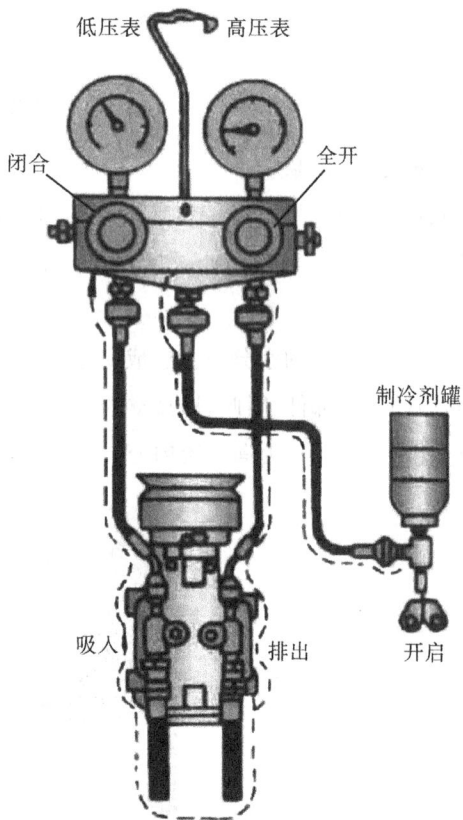

图3-10　从高压端充注制冷剂

系统,防止发生意外。

(2)从低压端充注制冷剂步骤。

①将氟表与制冷剂储液罐连接到制冷系统中,排出氟表管路中的空气,如图 3-11 所示。

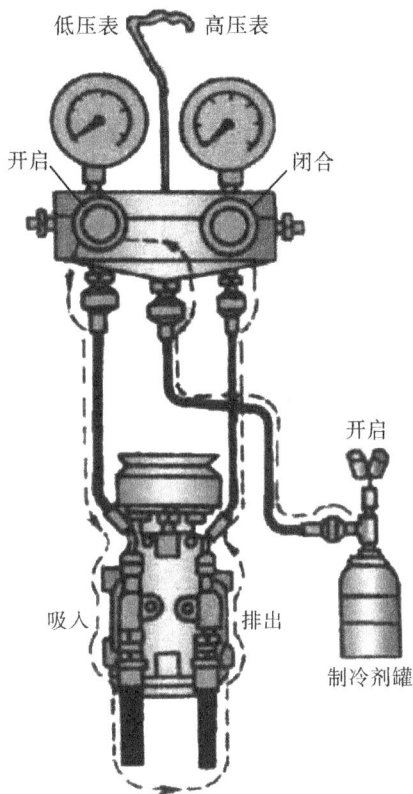

图 3-11 从低压端充注制冷剂

②启动发动机,并打开空调开关,使空调压缩机运转。

③打开制冷剂储液罐开关,保持制冷剂储液罐直立,缓慢打开氟表低压手动阀使制冷剂由低压侧吸入制冷系统中,达到固定压力时,即刻停止制冷剂的充注。

注意:在进行低压端充注时,不可将制冷剂储液罐倒置,防止液态制冷剂流入低压侧对空调压缩机造成损坏。

4. 制冷剂的补充充注

当系统中的制冷剂因自然泄漏(年泄漏量不大于 100~200 g)而需要补充时,或因其他原因需要对制冷剂进行补充时,应采用低压端充注法对系统充注制冷剂,如图 3-12 所示。

(1)将注入阀(制冷剂注入阀结构如图 3-13 所示)装到小型制冷罐上,逆时针方向旋转板状螺母直到最高位置,然后将制冷剂注入阀顺时针拧动。

（2）将板状螺母顺时针旋到底,再将氟表上的中间软管固定在注入阀接头上。

（3）顺时针方向旋转手柄,使阀针在小罐上开一个小孔,若要加制冷剂,就逆时针方向旋转手柄,使阀针抬起,同时打开氟表的相应手动阀。

（4）若要停止加制冷剂,就顺时针方向旋转手柄。

抽吸制冷剂

图 3-12　制冷剂补充充注的连接

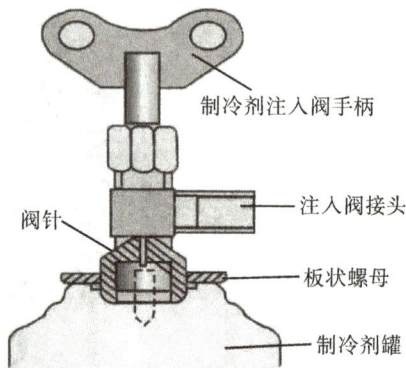

图 3-13　制冷剂注入阀结构

注意:在补充充注制冷剂时,一定要补充同一类型的制冷剂,R134a 与 R12 不能混用,充注前应参考车辆维修手册查明。

▶ 3.3　任务实施　AC350C 制冷剂回收/再生/充注机的操作

3.3.1　任务准备

1.准备工具设备

准备实训车辆、三件套、电子检漏仪、AC350C 制冷剂回收/再生/充注机及手册、手套、防护镜、吹尘枪,实践相关车辆维修保养手册及使用手册。

AC350C 制冷剂回收/再生/充注机如图 3-14 所示。

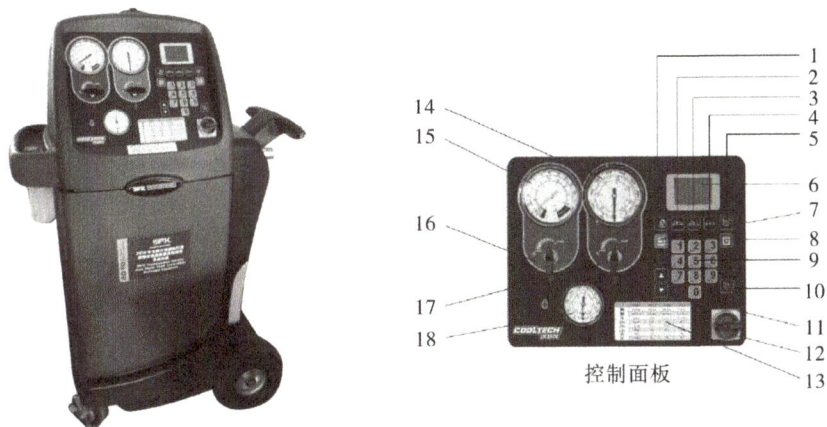

1—排气:运行排气功能的快捷键;2—回收:回收空调系统的制冷剂;3—抽真空:将空调系统进行抽真空;4—充注:向空调系统充注制冷剂;5—菜单:进入菜单程序的快捷键;6—显示屏:显示操作信息;7—开始/确认:开始/确认程序的进行;8—停止/取消:停止/取消程序的进行;9—键盘:输入数据键;10—数据库:进入数据库的快捷键;11—上下键:上下选择键;12—电源开关:开机或关机;13—多语言对照表:多种语言表达对照表;14—高压表:显示空调系统高压端压力;15—低压表:显示空调系统低压端压力;16—低压阀:控制空调系统低压端与设备的通断;17—高压阀:控制空调系统高压端与设备的通断;18—工作罐压力:显示工作罐的压力的压力表。

图3-14　AC350C制冷剂回收/再生/充注机

2.操作前的准备

(1)铺设三件套,用吹尘枪清洁空调系统各部件表面。

(2)用电子检漏仪对空调制冷系统检漏。

(3)阅读AC350C制冷剂回收/再生/充注机的使用手册,熟悉操作步骤和注意事项,熟悉操作面板各功能键。

3.操作时的安全措施

(1)准备一个冲洗眼睛的冲洗瓶,万一液态制冷剂进入眼睛,应用水彻底冲洗眼睛约15 min。

(2)如果制冷剂接触到了其他身体部位,则也应立即用冷水冲洗至少15 min。

(3)吸入高浓度制冷剂蒸气时,应立即将相关人员带到充满新鲜空气的地方,请医生治疗。

(4)必须在通风良好的室内进行空调制冷剂的循环回路作业。

3.3.2　操作步骤

在半自动模式下,用户可以独立完成排气回收、抽真空或者充注过程。

1.排气

将电源插入合适的有地线的电源插座上,并开启设备,按"排气"键,即开始排气2 s。排气时显示屏显示如图3-15所示。

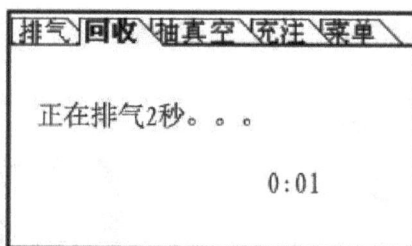

图 3-15　排气时显示屏显示

排气 2 s 完成后显示屏显示如图 3-16 所示。

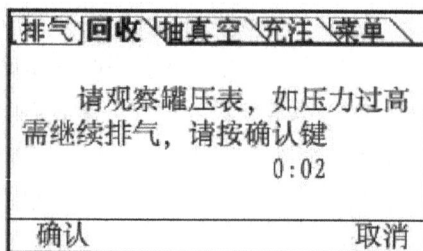

图 3-16　排气 2 s 完成后显示屏显示

按"确认"键继续排气,按"取消"键退出排气。

2.回收空调系统制冷剂

将红、蓝色软管上的快速接头连接到汽车空调对应的接口上,打开控制面板上红、蓝色高低压两个阀门和快速接头上的阀门(手柄箭头指向左边为开)。

注意:红色软管连接空调系统的高压接口,蓝色软管连接空调系统的低压接口。

按![图标]键直到显示屏上显示如图 3-17 所示的界面,可以通过数字键盘设定所需的回收重量。

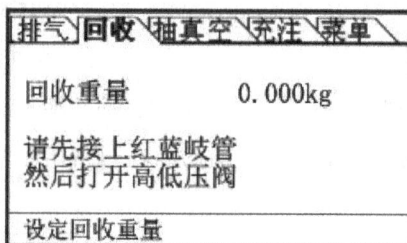

图 3-17　设定回收重量界面

按![图标]键,压缩机启动,系统将进行清理管路,时间为 1 min,清理管路完成后,开始回收,界面如图 3-18 所示。

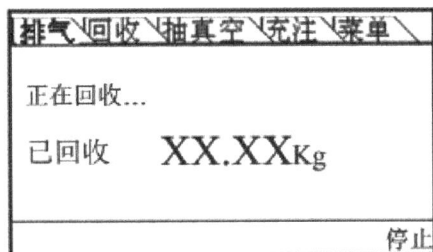

图 3 - 18   开始回收界面

回收完成后界面如图 3 - 19 所示。

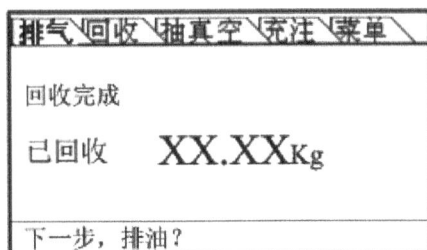

图 3 - 19   回收完成后界面

按⤇键,进行排油程序,界面如图 3 - 20 所示。

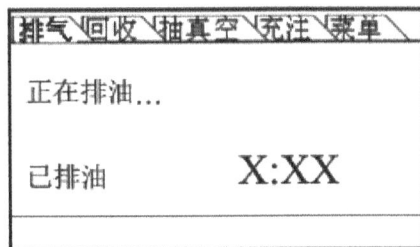

图 3 - 20   排油界面

排油完成后界面如图 3 - 21 所示。

图 3 - 21   排油完成后界面

3. 空调系统抽真空

按 ➡ 键,直到屏幕上出现抽真空界面。

可以通过数字键盘设定所需的抽真空时间:当光标在"15:00"字符处闪动时,选择数字键,程序将切换到抽真空时间设置界面,如图 3-22 所示。

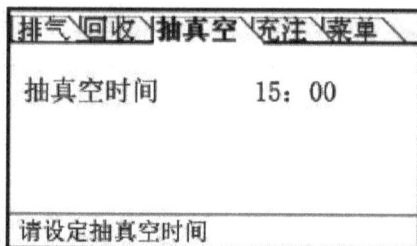

```
┌─────────────────────────────────┐
│ 排气 │回收│ 抽真空 │充注│ 菜单 │
├─────────────────────────────────┤
│                                  │
│ 抽真空时间        15:00          │
│                                  │
│                                  │
├─────────────────────────────────┤
│ 请设定抽真空时间                  │
└─────────────────────────────────┘
```

图 3-22   抽真空时间设置界面

按 ➡ 键开始抽真空操作,显示屏上原显示的 mm:ss。值开始记时,抽真空完成后界面如图 3-23 所示。

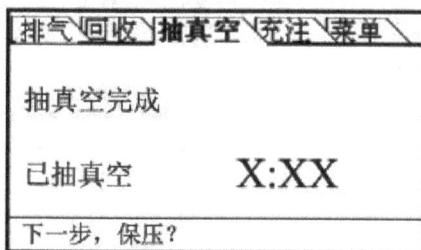

```
┌─────────────────────────────────┐
│ 排气 │回收│ 抽真空 │充注│ 菜单 │
├─────────────────────────────────┤
│                                  │
│ 抽真空完成                        │
│                                  │
│ 已抽真空      X:XX               │
├─────────────────────────────────┤
│ 下一步,保压?                     │
└─────────────────────────────────┘
```

图 3-23   抽真空完成后界面

按 ➡ 键,保压界面如图 3-24 所示。

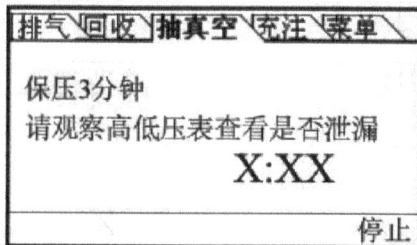

```
┌─────────────────────────────────┐
│ 排气 │回收│ 抽真空 │充注│ 菜单 │
├─────────────────────────────────┤
│ 保压3分钟                         │
│ 请观察高低压表查看是否泄漏        │
│              X:XX                │
│                                  │
├─────────────────────────────────┤
│                          停止     │
└─────────────────────────────────┘
```

图 3-24   保压界面

3 min 保压完成后,观察压力表的变化判断是否泄漏,如图 3-25 所示,如果泄漏须查明泄漏原因并解决,如不泄漏,选择下一步操作。

图3-25 系统泄漏界面

保压完成后,如系统没有泄漏,按➡键,注油量界面如图3-26所示。

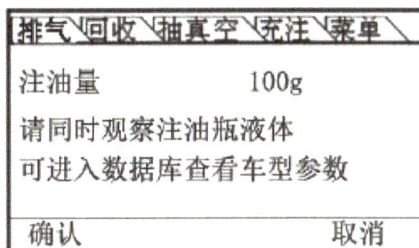

图3-26 注油量界面

进入数据库,查找空调零部件更改后需多加注一定量的冷冻机油。按➡键,注油界面如图3-27所示。

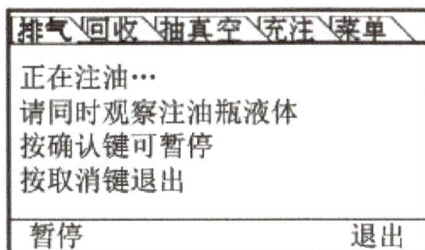

图3-27 注油界面

4.充注空调系统制冷剂

把低压阀关闭,进行单管充注。

打开控制面板上的电源开关,按❄️🚗键,直到显示屏上显示设定充注重量的界面,如图

3-28所示。

```
┌─────────────────────────────────────┐
│ 排气│回收│抽真空│充注│菜单           │
│                                     │
│ 充注重量      0.500Kg               │
│ 请关闭低压阀进行单管充注            │
│ 可进入数据库查看车型参数            │
│                                     │
│ 请设定充注重量                       │
└─────────────────────────────────────┘
```

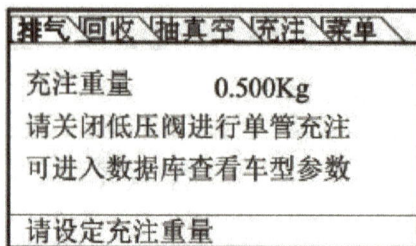

图 3-28　设定充注重量界面

在默认情况下,充注程序可以自动判断工作状态,也可以通过数字键盘设定所需的充注重量。按 ⊡ 键充注开始。屏幕上显示已充注制冷剂的重量,如图 3-29 所示。

```
┌─────────────────────────────────────┐
│ 排气│回收│抽真空│充注│菜单           │
│ 正在充注                             │
│                                     │
│ 已充注      XX.XXKg                  │
│                                     │
│                              停止    │
└─────────────────────────────────────┘
```

图 3-29　已充注重量界面

如图 3-30 所示,充注完成后,按提示,从车辆上断开高低压快速接头,并取下红蓝管。

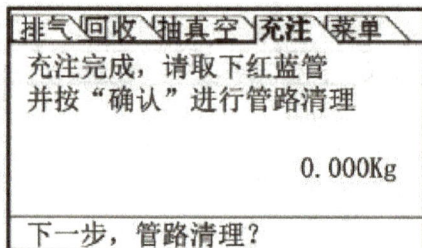

```
┌─────────────────────────────────────┐
│ 排气│回收│抽真空│充注│菜单           │
│ 充注完成,请取下红蓝管               │
│ 并按"确认"进行管路清理              │
│                                     │
│                   0.000Kg           │
│                                     │
│ 下一步,管路清理?                    │
└─────────────────────────────────────┘
```

图 3-30　充注完成界面

按 ⊡ 键系统进行自动管路清理。

3.3.3　实施记录

操作过程中,将相关参数记录在表 3-3 中。

表 3－3　制冷剂充注过程记录表

车型：		VIN：	
制冷剂类型		冷冻机油类型	
制冷剂充注量		冷冻机油充注量	
真空度值		冷冻机油排出量	
高压侧压力		低压侧压力	

▶ 3.4　知识拓展

大气温室效应、平流层臭氧耗损和酸雨是三大环境公害。臭氧吸收太阳辐射中的紫外线，对地球生物起保护作用。

氟利昂制冷剂对大气环境的影响主要有两个方面，一是破坏大气臭氧层，二是形成使全球气候变暖的温室气体。制冷剂是否为环保型可通过 GWP（全球变暖潜能）和 ODP（大气臭氧层潜能损耗值）两个指标来衡量。其中 GWP 用来度量物质对全球变暖作用的大小，GWP 值越小越好，GWP＝0，则该制冷剂不会造成大气变暖；ODP 是表示一种物质对大气臭氧层造成破坏的潜在影响程度的指标，要求制冷剂 ODP 值越小越好，ODP＝0，则该制冷剂对大气臭氧层无害。

在大气中存在氟利昂的情况下，臭氧分子将会被破坏变成氧气分子，在这个过程中，氟利昂并不发生变化，只起到催化剂的作用。也就是说，氟利昂破坏了臭氧分子后自己并不被消耗掉，氟利昂自然降解过程十分缓慢，因此大气中氟利昂的浓度增加会导致臭氧层被严重破坏。自然界中臭氧的产生一般是通过空气放电也就是闪电过程中由氧气转变而来的，在自然环境下，臭氧的产生和消耗是平衡的，但人类制造了氟利昂，就会破坏这种平衡。

如臭氧层被破坏了，太阳光中波长小于290 nm的紫外线就会对地球生物造成极大的影响，如图 3－31 所示。

臭氧层的破坏将产生以下危害：

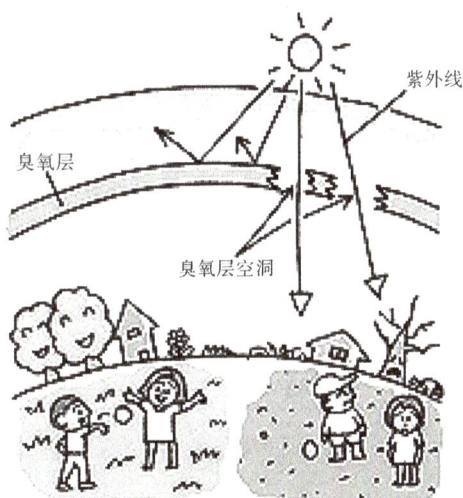

图 3－31　臭氧层破坏的后果

①危及人类健康,可使皮肤癌、白内障的发病率增加,破坏人体免疫系统;

②危及植物及海洋生物,使农作物减产,不利于海洋生物的生长与繁殖;

③产生附加温室效应,从而加剧全球气候变暖过程;

④加速聚合物(如塑料等)的老化。

因此保护臭氧层已成为当前一项全球性的紧迫任务。

目前所用的制冷剂都是按国际规定的统一编号书写的,如 R11、R12 等,为了区别各类氟利昂对臭氧(O_3)层的作用,近来,常根据制冷剂的化学组成表示制冷剂的种类,把不含氢的氟利昂写成 CFC,读作氯氟烃,如 R12 改写成 CFC12,把含氢的氟利昂写成 HCFC,读作氢氯氟烃,如 R22 改写为 HCFC22,把不含氯的氟利昂写成 HFC,读作氢氟烃,如 R134a 改写为 HFC134a,如图 3-32 所示。

图 3-32　HFC134a 包装

一些常用氟利昂在大气中的寿命:HCFC22(R22)为 20 年;CFC11(R11)为 65 年;CFC12(R12)为 120 年;CFC13(R13)为 400 年;CFC114(R114)为 180 年;HFC134a(R134a)为 8～11 年;HCFC123(R123)为 1～4 年。由此可见,含氢的氟利昂,在大气中的寿命显著缩短,而 CFC 在大气中具有相当长的寿命,当 CFC 穿过大气扩散到臭氧层时,会使臭氧层减薄或消失。

1987 年 9 月在加拿大的蒙特利尔市召开了专门性的国际会议,并签署了《关于消耗臭氧层的蒙特利尔协议书》,于 1989 年 1 月 1 日起生效,对氟利昂中的 R11、R12、R113、R114、R115、R502 及 R22 等 CFC 类的生产进行限制。1990 年 6 月在伦敦召开了该议定书缔约国的第二次会议,增加了对全部 CFC、四氯化碳(CCl_4)和甲基氯仿($C_2H_3Cl_3$)生产的限制,要求缔约国中的发达国家在 2000 年完全停止生产以上物质,发展中国家可推迟到 2010 年。另外对过渡性物质 HCFC 提出了自 2020 年后的控制日程表。HFC 中的 R123 和 R134a 是 R12 和 R22 的替代品。

我国对空调行业规定了具体淘汰目标,表 3-4 所示为中国制冷空调和化工行业最终淘汰的消耗臭氧层物质时间表。

表 3-4　中国制冷空调和化工行业最终淘汰的消耗臭氧层物质时间表

行业	消耗臭氧层物质	完全淘汰时间/年
家用制冷设备	CFC11	2010
	CFC12	2010
汽车空调器	CFC12	2002*
工商业制冷设备	CFC11	2002*
	CFC12	2006*
化工生产	CFC11	2010
	CFC12	2010

注:＊表示允许维修使用到 2010 年。

思考与练习

1. 单选题

(1)汽车空调设备的制冷剂主要是（　　）。

A. R12　　　　　　　B. R22　　　　　　　C. R134　　　　　　　D. R134a

(2)R134a 制冷剂属于氟利昂制冷剂中的（　　）类。

A. CFC　　　　　　　B. HCFC　　　　　　C. HFC　　　　　　　D. HC

(3)R134a 与 R12 的制冷剂系统中的（　　）。

A. 制冷剂可以互换　　　　　　　　B. 冷冻机油和制冷剂都可以互换

C. 冷冻机油可以互换　　　　　　　D. 制冷剂和冷冻机油都不能互换

(4)氟利昂制冷剂 R12 的危害是（　　）。

A. 有辐射　　　　　　B. 有毒性　　　　　　C. 破坏大气臭氧层　　D. 破坏自然生态

(5)由压缩机压出刚刚进入冷凝器中的制冷剂为（　　）。

A. 高温高压气态　　　B. 高温高压液态　　　C. 中温高压液态　　　D. 低压气态

(6)R12 被 R134a 取代的主要原因是（　　）。

A. R12 破坏大气臭氧层　　　　　　B. R12 对人体伤害太大

C. R12 的物理性质不稳定　　　　　D. 以上都正确

(7)制冷剂离开蒸发器后在管路中是什么状态？甲说是低压状态，乙说是蒸气状态，谁正确？（　　）

A. 甲正确　　　　　　B. 乙正确　　　　　　C. 两人均正确　　　　D. 两人均不正确

(8)A/C 工作时，从视液镜上能看到条纹，则为（　　）过多。

A. 机油　　　　　　　B. 冷冻机油　　　　　C. 制冷剂　　　　　　D. 水分

(9)技师甲说，液态制冷剂溅入眼睛会造成冻伤，应立即用水清洗，并及时就医；技师乙说，制冷剂处于气态时是无害的。谁说的正确？（　　）

A. 甲正确　　　　　　B. 乙正确　　　　　　C. 两人都正确　　　　D. 两人都不正确

(10)抽空最佳持续时间是（　　）。

A. 5 min　　　　　　　B. 10 min　　　　　　C. 30 min　　　　　　D. 60 min

(11)冷冻润滑油在制冷系统中的作用是（　　）。

A. 可减小制冷剂的流动阻力　　　　B. 提高制冷系统的制冷量

C. 对压缩机起润滑、降温作用　　　D. A 和 B

(12)从低压侧充注制冷剂时,(   )。

A. 可以将氟罐倒置,以加快充注速度

B. 可以将制冷剂罐浸入温水中进行充注

C. 充注时,发动机可以不必运转

D. 以上说法都不对

(13)下列充注制冷剂的方法中,错误的是(   )。

A. 从高压端充注

B. 从低压端充注

C. 从高、低压端同时充注

D. 从高压端注入液态制冷剂,再从低压端补足制冷剂

(14)由于蒸发器表面温度低,容易出现(   )现象,影响制冷效果。

A. 结尘   B. 结冰   C. 结霜   D. 以上都可能

(15)制冷系统压力检测高压为 2.0 MPa,低压为 0.3 MPa,造成这一现象的可能原因为(   )。

A. 膨胀阀堵塞   B. 压缩机内部故障,压缩能力下降

C. 制冷剂充注过多   D. 以上都有可能

2.判断题

(1)制冷剂 R12 是使用广泛的一种制冷剂,被 R134a 取代的主要原因是 R12 破坏大气臭氧层。   (   )

(2)制冷剂有较高的稳定性,对金属、橡胶和润滑油无明显腐蚀。   (   )

(3)制冷剂 R134a,温室效应指数 GWP＝0,所以对大气臭氧层的危害很小。 (   )

(4)空调制冷系统中,制冷剂越多,制冷能力越强。   (   )

(5)制冷剂尽量回收,不能随意排放。   (   )

(6)制冷剂 R12 和 R134a 可以混用。   (   )

(7)制冷剂在冷凝器中冷凝是向外放热。   (   )

(8)制冷剂储液罐存放时应竖直向上放置,不得倾斜或倒置。   (   )

(9)冷冻机油用于对压缩机的运动零件进行润滑,而且冷冻机油的特性与制冷剂是不相混合的。   (   )

(10)减少与空气接触时间能防止冷冻机油变质。   (   )

(11)采用回收/净化/充注设备进行制冷剂回收,应按设备使用手册进行管路连接及操作,回收前,应将软管中的空气排尽。   (   )

(12)冷冻机油极易吸水,所以使用后应马上拧紧冷冻机油的瓶盖。   (   )

(13)发动机已启动,开空调时可以从高压侧加制冷剂。   (   )

(14)制冷剂充注应适量,充注过多会导致制冷效果差。 （　　）

(15)补充充入制冷剂时,必须从低压侧充注。 （　　）

3.问答简述题

(1)简述制冷剂的作用。

(2)冷冻机油在空调系统中起什么作用?

(3)简述通过低压端的检修阀来完成充注制冷剂的操作步骤。

(4)从高压端充注制冷剂时应注意什么?

(5)空调系统中制冷剂加注过量,可能会产生哪些现象?

(6)试分析空调系统制冷不足的原因。

项目 4

制冷系统零部件的认识与检修

▶ 4.1   教学目标

知识 目标

(1)掌握制冷系统的组成和部件名称及在制冷系统中的作用。

(2)掌握制冷系统各部件的工作原理和结构。

(3)掌握制冷系统各部件的故障处理方法。

能力 目标

(1)能够正确使用空调性能诊断仪检修制冷系统。

(2)能够根据制冷系统运行参数和状态判断制冷系统的运行故障。

(3)能够根据维修手册维修制冷系统故障。

素质 目标

(1)养成严谨细致的工作态度。

(2)掌握空调系统检修时的防护措施。

(3)养成爱护车辆、爱护仪器的习惯。

案例 导入

汽车空调制冷系统是一个完全密封的循环系统,由不同功能的部件组成,如图 4-1 所示,其中任何一个零部件损坏都会使制冷能力下降或不能制冷,因此故障现象也是五花八门,要想准确地判断故障,及时有效地排除故障,需要掌握汽车空调系统各个零部件的工作原理,再根据其故障特点进行分析,然后逐步将故障排除。

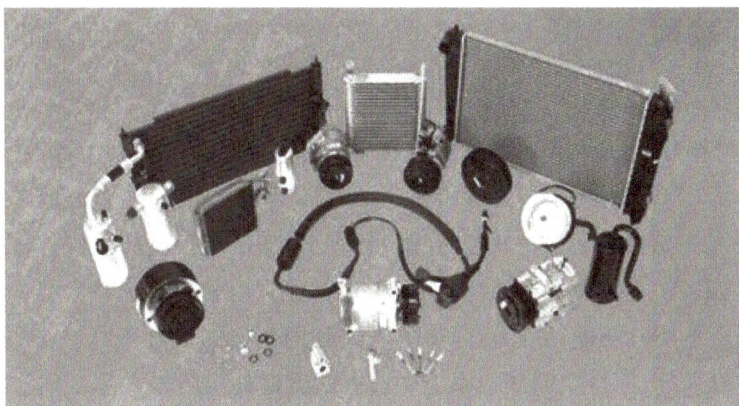

图 4-1　汽车空调制冷系统零部件

▶ 4.2　知识链接

4.2.1　制冷系统的组成

汽车空调制冷系统由压缩机、冷凝器、储液干燥器、膨胀阀和蒸发器五大主要部件，以及空调压力开关、制冷管道和接头、制冷剂、冷冻机油等附属设备和物质组成，如图 4-2 所示。

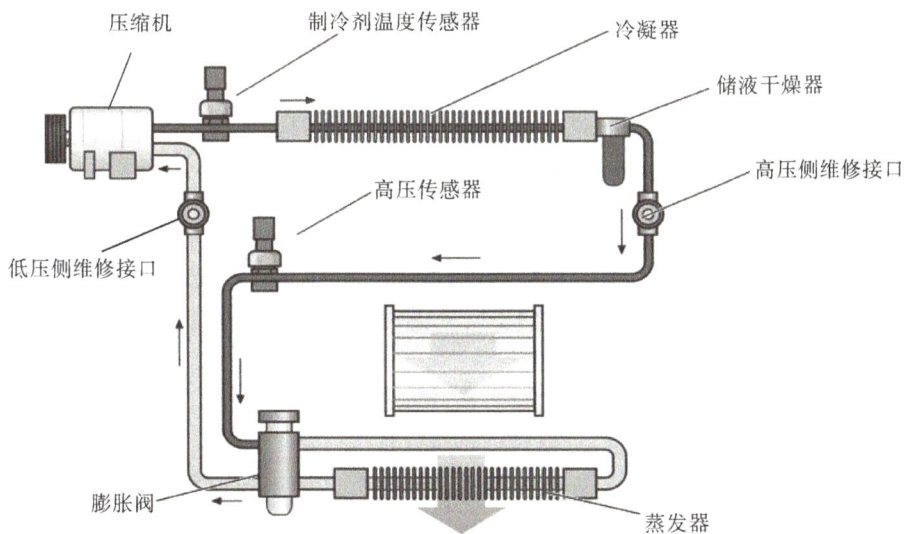

图 4-2　汽车制冷系统的组成

4.2.2 压缩机

1.压缩机的作用

压缩机俗称空调泵,它是制冷系统制冷过程中制冷剂循环流动的动力源,是整个制冷系统的心脏,其作用是使制冷剂保持循环。压缩机的吸气侧抽吸低温低压制冷剂蒸气,然后制冷剂流过压缩机的出口或排放侧,对其加压(温度也随之升高)而形成高温高压的制冷剂气体,高压、高温的制冷剂被压出压缩机而流入冷凝器。

压缩机的功用

压缩机有两个重要的功能,一是使压缩机入口处的制冷剂处在低压状态,使蒸发器内的制冷剂吸流到压缩机入口,保持空调制冷系统中膨胀阀出口到压缩机入口之间处于低压状态;二是使制冷剂循环,把制冷剂蒸气从低压压缩至高压,压力的上升会使制冷剂的温度上升,同时保持压缩机出口到膨胀阀入口之间处于高压状态。

除了部分客车空调采用独立式空调系统,专门配置辅助发动机来驱动压缩机外,绝大部分汽车空调系统都是非独立式的,压缩机均由汽车发动机来驱动。相比于室内空调压缩机和冰箱制冷压缩机,汽车空调压缩机的工作环境和条件要差很多。

2.汽车空调压缩机的要求

根据汽车的工作环境及发动机工况变化的复杂性,对汽车空调压缩机通常有如下要求:

(1)压缩机的制冷能力要强,因为汽车行驶工况变化频繁,汽车发动机转速变化范围很大,要确保汽车在低速时有良好的制冷效果,就需要压缩机的制冷能力要足够强。

(2)压缩机的效率要高,以节省发动机的动力,尤其在汽车高速行驶时,消耗发动机的动力要小,以免影响汽车正常行驶。

(3)压缩机的体积要小、重量要轻,以减轻车辆自重,提高汽车的动力性和经济性,尤其是轿车,其安装空间有限,体积小、重量轻的压缩机就更显得重要。

(4)压缩机要耐高温、抗振动,因为发动机周围的温度最高可达120 ℃,同时汽车行驶过程颠簸振动在所难免。

(5)要求压缩机启动与运转平稳、振动小、噪声低、工作可靠。

3.压缩机的类型

目前在汽车上使用的压缩机有多种形式,按压缩机运行方式分为往复式和旋转式两大类。这两类压缩机按其结构及主要零件形状的不同分类,又有不同的方式:

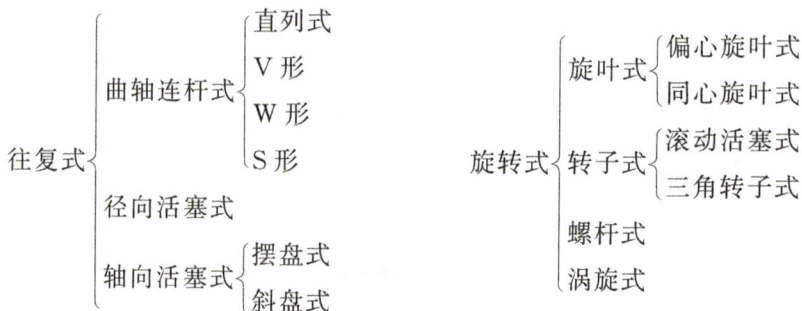

$$
往复式
\begin{cases}
曲轴连杆式
\begin{cases}
直列式 \\
V\,形 \\
W\,形 \\
S\,形
\end{cases} \\
径向活塞式 \\
轴向活塞式
\begin{cases}
摆盘式 \\
斜盘式
\end{cases}
\end{cases}
\qquad
旋转式
\begin{cases}
旋叶式
\begin{cases}
偏心旋叶式 \\
同心旋叶式
\end{cases} \\
转子式
\begin{cases}
滚动活塞式 \\
三角转子式
\end{cases} \\
螺杆式 \\
涡旋式
\end{cases}
$$

往复式压缩机又称活塞式压缩机,是一种由活塞在气缸内作往复运动而将气体吸入、压缩和排出的压缩机,主要由运动部件、气缸、活塞和阀门等构成,其活塞的上行和下行两个行程可分为四个过程,即压缩过程、排气过程、膨胀过程和吸气过程。往复式压缩机的结构图如图 4-3 所示。

摆盘式和斜盘式压缩机是汽车空调压缩机的第二代产品,目前在中小型客车和轿车上得到了广泛的应用。

图 4-3　往复式压缩机的结构图

其中,斜盘式压缩机是一种依靠与转轴呈一定倾斜的斜盘的旋转运动带动活塞或活塞杆作往复运动以实现气体压缩的压缩机。

斜盘式压缩机输入轴的旋转运动可通过斜盘而转换成轴向运动(活塞冲程)。压缩机一般有 3～10 个活塞围绕在输出轴的周围,具体个数因压缩机类型而异,每个活塞都配有一个吸入和排出阀口,这些阀口可根据工作冲程有规律地自动打开和关闭,斜盘每转一圈,每个双向活塞在各自的气缸中完成一次压缩、排气、膨胀和吸气过程;空调的输出功率由压缩机的最大转速决定,同时,压缩机的输出功率由发动机转速决定。压缩机的转速可在 0～6000 r/min 之间变化。

压缩机采用特殊的冷冻机油来润滑,大约有一半的油留在压缩机中,而另一半则随着制冷剂一起循环,压缩机上通常装有压力截止阀,以防止系统压力过高。

斜盘式压缩机可分为定排量压缩机和变排量压缩机。定排量压缩机的结构图如图 4-4 所示,其工作原理图如图 4-5 所示,斜盘角度固定,活塞行程固定,因此,其空调制冷的调节通过蒸发器出风温度来控制电磁离合器吸合或脱离,通过间歇运行来控制系统制冷能力和车内空调负荷相适应,这种定排量压缩机有明显的特点:如果开启空调,在怠速情况下发动机的转速会忽高忽低地变化。

斜盘式压缩机工作原理

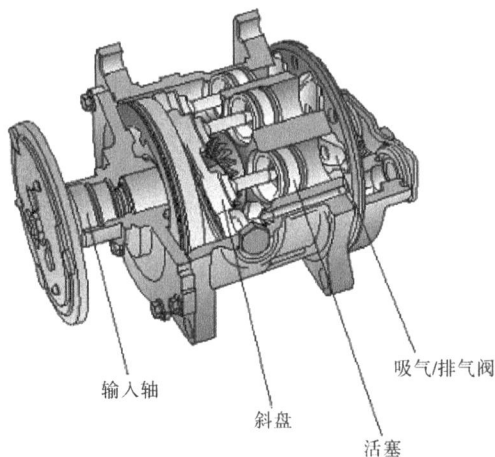

图 4-4　定排量压缩机的结构图

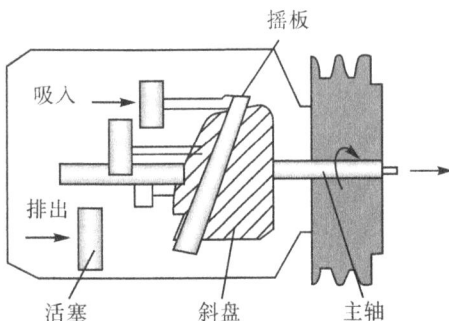

输入轴　斜盘　活塞　吸气/排气阀

图 4-5　定排量压缩机的工作原理图

摇板　吸入　排出　活塞　斜盘　主轴

这种控制方式除了有车内空调温度波动大，系统频繁启停使系统能耗增加等缺点外，最大的一个问题是压缩机的周期性离合对汽车发动机引起的干扰，这种情况在汽车发动机排量较小时显得更为突出。

变排量压缩机的结构图如图4-6所示，变排量压缩机输出功率可调，可以使压缩机的输出功率根据不同的发动机转速、环境温度或驾驶员设定的车内温度进行自动调节，压缩机运行连续平稳，不会引起汽车发动机周期性的负荷变化；空调送风温度波动小，有利于提高车内环境的舒适性，使用变排量压缩机后可以满足各种条件下的空调负荷，同时可降低行驶时压缩机和电磁离合器所产生的噪声；可以保持几乎恒定且略高于结霜温度的蒸发温度，防止蒸发器表面结霜，降低能耗，节省燃油。

变排量压缩机的工作原理是通过调节斜盘的角度来控制压缩机的输出流量，通过改变腔室压力可在上止点（100%）和下止点（约5%）之间调节活塞的位置，从而使压缩机达到所需的输出流量。在控制范围内压缩机处于持续运转状态。当压缩机不工作时，高压侧、低压侧及腔内压力是相等的；斜盘前后的弹簧使其传输率大约为40%。压缩机电磁离合器轻微接合。

变排量压缩机工作原理

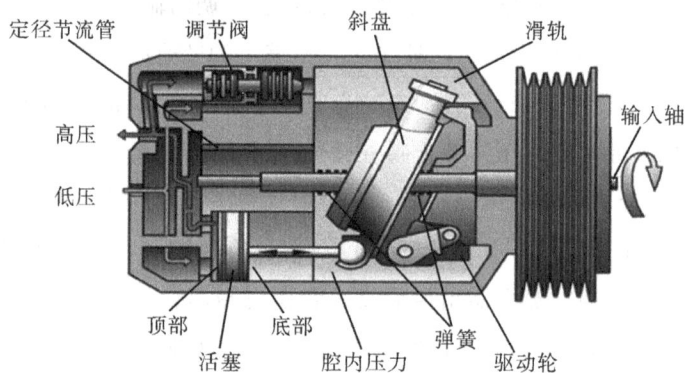

图4-6 变排量压缩机的结构图

旋转式压缩机中的涡旋式压缩机是一种通过涡旋管道压缩，由一个固定的渐开线涡旋盘和一个呈偏心回旋平动的渐开线运动涡旋盘组成可压缩容积的压缩机，如图4-7所示。

涡旋式压缩机工作原理

图4-7 涡旋式压缩机的结构图

4.压缩机常见故障及检查

(1)压缩机常见故障及形成原因。汽车空调系统大多数运动件都在压缩机上,因此压缩机的检修量最大。一般压缩机常见的故障有卡住、泄漏、运转不良和异响四种现象。

①卡住。卡住是指压缩机发生卡住导致不能转动。卡住的原因通常是润滑不良或者没有润滑。空调系统运行中如果发现离合器或传动带打滑,在排除不是离合器或传动带的故障后,一般都是由压缩机卡住所致。这时应立即关闭点火开关,检查系统是否泄漏,如果是制冷剂泄漏而带跑冷冻机油,则应进行系统检漏;如果系统不泄漏,则可能是冷冻机油加注量不够,应补加冷冻机油。

如果压缩机卡住很牢,根本不能转动,可能是活塞在气缸内咬死,这种情况必须更换压缩机。

②泄漏。泄漏也是压缩机常见故障。压缩机有漏气和漏油两种情况,泄漏轻微时,一般只泄漏制冷剂,严重时,既泄漏制冷剂又泄漏冷冻机油。

在压缩机轴封处也有很微量的泄漏,如果每年的泄漏量小于 14.2 g,不影响制冷系统的功能,认为是正常情况;若泄漏量超过 14.2 g,就必须对压缩机进行检修,更换密封件。如果压缩机缸体上出现裂纹产生泄漏,则应更换压缩机。

③运转不良。压缩机出现运转不良,可用氟表检查压缩机的吸气压力和排气压力,如果两者压力几乎相同,用手触摸压缩机,如发现其温度异常得高,其原因是压缩机缸垫窜气,从排气阀出来的高压气体通过汽缸垫的缺口窜回到吸气室,再次压缩,产生温度更高的蒸气,这样来回循环,会把冷冻机油烧焦造成压缩机报废。

如果进、排气阀片损坏或者变软,也会造成压缩机不能压缩制冷剂或者压缩不良,这种故障只是吸气压力和排气压力相同或者相差不大,但压缩机不会发热。

④异响。空调系统的异响主要来源于压缩机和鼓风机的风扇,如果异响是压缩机发出的,那么其主要原因可能是离合器结合时打滑,或者是传动带过松或有磨损,也可能因为是压缩机的振动以及轴的振动。

(2)压缩机就车诊断。启动发动机,保持转速在 1250～1500 r/min,把氟表接入制冷系统中,打开空调开关,并将鼓风机转速调至最大。

检查结果分析:

①检查压缩机及其进、排气口温度,若进排气口温度温差较大(进气口温度低,排气口温度高),且压力表高、低压指示均在正常范围(高压 1500～2000 kPa,低压 150 kPa 左右),则说明空调系统正常。

②若检查进排气口温差较小且压力表高、低压值相差不大,则说明压缩机工作不良。

③若检查压缩机表面温度较高,压力表高压指示过低,低压指示过高,则说明压缩机内部密封不良,应更换压缩机。

④如果检查压缩机进、排气口温度温差不大且接近环境温度，压力表高、低压指示都较低，说明系统内部的制冷剂过少，应对系统进行检漏，如果是压缩机出现泄漏，则应更换或修理。

⑤除此之外，检查压缩机时还应主意压缩机是否存在异响，正常运转时，压缩机会发出轻脆均匀的阀片跳动声。

4.2.3 冷凝器

1.冷凝器的功能

冷凝器就是把高温高压的气态制冷剂变成高温高压的液态制冷剂，从压缩机出来的制冷剂是高温高压的制冷剂气体，这些制冷剂气体进入冷凝器后与外界进行热交换，热量释放的同时，渐渐由气态转变成液态(但在此阶段温度基本没有变化)，当所有的制冷剂均从气态转变为液态时，制冷剂的温度开始下降，冷凝器能在各种环境条件下均确保制冷剂完全液态化以及降温，确保即使外界温度达到 40 ℃时冷凝器依然对制冷剂进行液化，一般来说，冷凝器出来的制冷剂温度应小于 60 ℃。

冷凝器一般安装在发动机散热水箱前方。

2.冷凝器的类型和结构

汽车空调系统冷凝器的结构形式主要有管片式、管带式和平行流式动三种。

冷凝器的结构从管片式向管带式发展，并主要向平行流动式发展。目前我国轿车上主要采用全铝管带式和平行流动式冷凝器。

平行流动式冷凝器的结构图如图 4-8 所示。它由圆柱集管、铝制内肋扁管、波形散热钮片和连接管组成，是为适应制冷剂 R134a 而研制的冷凝器，其工作原理如图 4-9 所示。

冷凝器的结构与功用

图 4-8 平行流动式冷凝器的结构

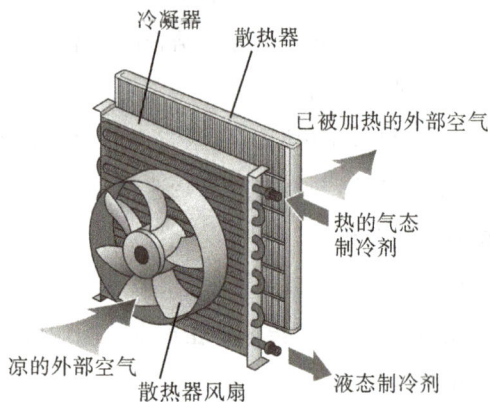

冷凝器　散热器
已被加热的外部空气
热的气态制冷剂
凉的外部空气　散热器风扇　液态制冷剂

图 4-9 平行流动式冷凝器的工作原理

3. 冷凝器常见故障及检修

(1) 冷凝器常见故障。

① 冷凝器必须保持表面清洁才能有最好的散热性能,冷凝器最常见的故障为外部堵塞,外部堵塞是因灰尘、虫、树叶或外来的碎石等积聚在冷凝器散热片内而导致空气不能畅通,这降低了冷凝器的传热能力,使流经冷凝器的制冷剂由于散热不充分而不能变成液体,使得制冷效果变差,除此之外,冷凝器散热片变形也会导致其散热不良。

② 冷凝器内堵的概率很小,一般多为安装不当导致管路弯折所致。

③ 冷凝器泄漏也是常见故障之一,尤其是其管路接口部位可能由于密封圈老化而导致泄漏,其本身损坏多是由于管路破裂所致,但是相对而言,冷凝器泄漏较为常见。

(2) 冷凝器的检修。在对冷凝器检查时,主要检查其连接管路接口处是否泄漏,外观是否清洁,散热片是否变形等。如果仅是外表有积污,杂物塞在冷凝器散热片中,应用水清洗或用压缩空气吹洗,用硬毛刷刷洗时,注意不要损伤散热片,如果发现散热片倒伏,应加以矫正;如果冷凝器内部脏堵,应用压缩氮气进行吹洗,不能用水冲洗,如果冷凝器本身损坏而泄漏,应焊补或更换。除此之外,还应检查冷凝器进出口温差是否过大(一般为 30 ℃左右),若进出口温差过大(出口温度较低),可能是由于其内部堵塞导致。检查其温度时,还应通过检查系统压力进行综合判断,如,冷凝器内部堵塞时,进出口温差较大,高压压力指示较低。

4.2.4 储液干燥器

1. 储液干燥器的功能

(1) 储存制冷剂。由于每个制冷循环的条件不同,如蒸发器热负荷不同、压缩机转速不同,每次循环至高压管路的制冷剂量也不同,为了补偿这种波动,储液干燥器就起到了临时储存制冷剂的作用。

(2) 去除水分。储液干燥器中放置了干燥剂,干燥剂一般为硅胶形状,吸收空调系统的水分,防止其随制冷剂在系统中循环,防止水分腐蚀功能部件,防止水分可能在膨胀阀的节流小孔处冻结,从而造成膨胀阀"冰堵"的现象。

(3) 过滤杂质。储液干燥器中的干燥剂和底部的过滤网能够过滤掉制冷系统中压缩机产生的磨屑以及安装过程中混入的杂质。

(4) 为液态制冷剂在系统内提供了缓冲空间,能及时调整和补充供给膨胀阀液态制冷剂的流量,以保证系统内制冷剂流动的连续性和稳定性,还能防止气态制冷剂流入膨胀阀,影响膨胀阀的雾化作用。

2. 储液干燥器的结构和原理

如图 4-10 所示,储液干燥器主要由过滤网、干燥剂、进/出口及吸出管组成,经过冷凝器降温的制冷剂首先通过进口流入干燥器内,经过滤网和干燥剂过滤后,通过吸出管和出口流向膨胀阀。由于吸出管管口较低,制冷剂中的液态制

储液干燥器
的结构与功用

冷剂由于密度大处于干燥器底部,所以,保证了流出的制冷剂为液态制冷剂。

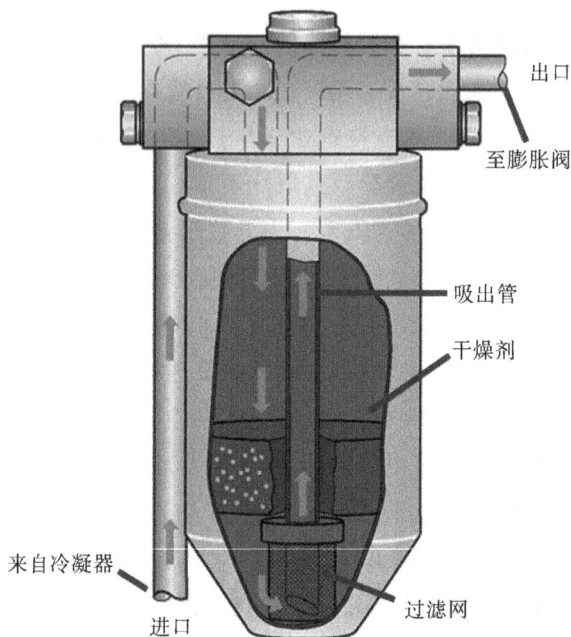

图 4 - 10 储液干燥器的结构图

3.储液干燥器的检修

储液干燥器常见的故障是泄漏、脏堵和失效。

(1)储液干燥器的检查。用检漏仪检查储液干燥器的接头处是否泄漏。

①检查储液干燥器的外表及观察窗上是否脏污和清洁。

②用手或电子温度计检查干燥器进/出口温度,如果进/出口温差很大,甚至出口处或干燥器底部出现结霜现象,说明储液干燥器堵塞,应更换。

③检查膨胀阀,如果膨胀阀出现冰堵现象,说明制冷系统中有水分,干燥剂饱和失效,应更换储液干燥器。

(2)储液干燥器的维修。

①如果储液干燥器的两端接口出现泄漏,则应紧固其接头或更换密封圈,无需拆下储液干燥器,如果是其他故障,则应更换储液干燥器。

②储液干燥器安装时,必须垂直安装于系统中,以防止气态制冷剂从其底部进入,保证流向膨胀阀的制冷剂为液态制冷剂;并且使冷冻机油随液态制冷剂从储液干燥器的出口一起经过膨胀阀和蒸发器循环回压缩机。

在安装维修过程中,储液干燥器应该是最后一个安装的元件,并且安装完毕后马上抽真空,防止空气中的水分随空气进入干燥器。

（3）观察窗检查。部分干燥器顶部有制冷剂观察窗,也叫视液镜,用于观察系统中制冷剂流动情况及干燥器是否损坏,通过观察窗中制冷剂的流动情况能够更直观地对制冷系统的故障进行诊断和排除。观察窗如图4-11(a)所示。

制冷系统存在的故障不同,制冷剂的流动情况也不相同,如图4-11(b)所示。

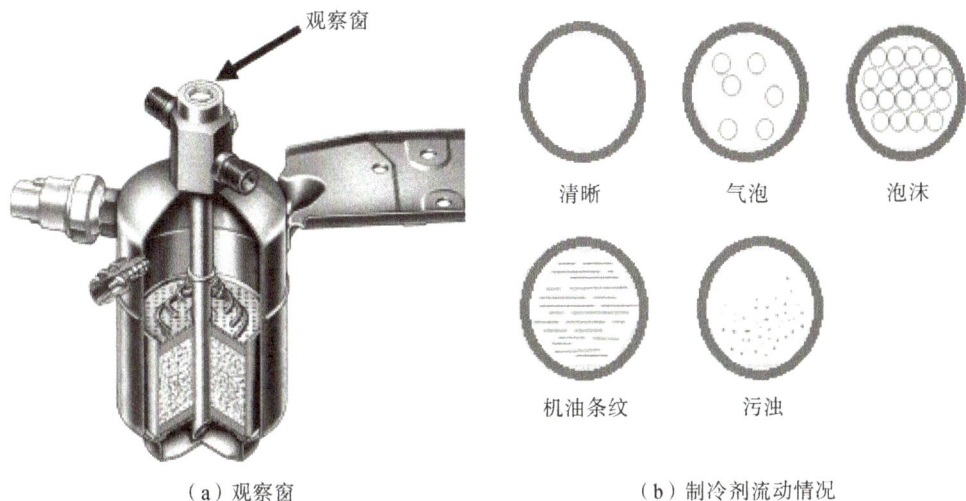

（a）观察窗　　　　　　　（b）制冷剂流动情况

图4-11　观察窗及制冷剂流动情况

①清晰、无气泡,说明制冷剂适量,或者是制冷剂过多或漏光,可用交替开、关空调压缩机的方法检验。若开、关压缩机的瞬间制冷剂起泡沫,接着就变澄清,说明制冷剂适量;如果开、关空调压缩机时,从观察窗内看不到动静,而且出风口不冷,压缩机进出口之间没有温差,说明制冷剂漏光;若出风口不够冷,而且关闭空调压缩机后无气泡、无流动,说明制冷剂过多。

②出现气泡,并且时而伴有膨胀阀结霜,说明系统中有水分;若无膨胀阀结霜现象,可能是制冷剂略微缺少或系统中有空气。

③有泡沫,且气泡不断流过,说明制冷剂不足,如果泡沫很多,可能有空气。若通过压力表测试判断为制冷剂不足,则需查明原因,不要随便补充制冷剂,由于胶管一年可能有100~200 g的制冷剂自然泄漏,若是使用两年以后才出现制冷剂不足可判断为胶管自然泄漏。

④呈连串机油条纹,说明冷冻机油加注过多。应排除多余冷冻机油,再补充适量制冷剂;若观察窗上留下的油渍为黑色或有其他杂物,则说明冷冻机油变质、污浊,必须清理制冷系统。

⑤呈雾状,有污浊,看不清内部制冷剂流动情况,则说明干燥器中干燥剂脱落,应更换干燥器。

4.2.5　膨胀阀

储液干燥器排出的制冷剂作为高压液体流入膨胀阀,膨胀阀是空调制冷系统中最主要的元件之一,它是系统高压与低压的分界点,当这种高压液体流经膨胀阀的节流孔时,制冷剂被强制流过此小孔并在另一侧喷出,这样就产生了一个压力差,使压力和温度得到降低,得到雾化的制冷剂,流过蒸发器时更容易汽化。

1.膨胀阀的作用

(1)节流降压。膨胀阀将从冷凝器出来并经过干燥储液器的高温高压液态制冷剂,节流降压成为容易蒸发的、低温低压的雾状物进入蒸发器,即分离了制冷剂的高压侧和低压侧,制冷剂的压力降低对制冷剂状态几乎没有影响,少量制冷剂会由于严重的压力降而汽化。

(2)流量调节作用。由于制冷剂在工作过程中制冷负荷一直在发生变化,在给定时间所需的制冷剂量随之变化,为了保证车内温度稳定,蒸发器最好接收到适量的制冷剂,膨胀阀可以自动调节进入蒸发器的制冷剂流量,使制冷剂流量满足制冷剂循环的要求。

(3)控制流量作用。防止压缩机发生液击现象和蒸发器出口蒸汽异常过热。

所谓液击,就是液体受到压缩,其压强会骤然上升,极大的压强向各个方向传递,使压缩机突然受到重击,从而对压缩机的元件造成极大的破坏,如使压缩机产生变形、破裂,甚至破碎而直接损坏压缩机;同时,如果有没有蒸发完全的液态制冷剂进入压缩机受热蒸发,瞬间产生的过饱和气体在压缩机内压缩升温升压,使气缸中压力骤增,活塞阻力突然加大,导致活塞受到重击而损坏。当膨胀阀的感温包测出温度升高时,膨胀阀会移动向增加制冷剂流量的开启位置,测出温度降低时,膨胀阀会向前移动到关闭位置,限制制冷剂流入蒸发器的数量,防止异常过热现象发生。

2.膨胀阀的分类和工作原理

根据膨胀阀的结构不同,膨胀阀可分为热力膨胀阀和 H 形膨胀阀两种,另外还有一种叫节流管。热力膨胀阀又分为内平衡式热力膨胀阀和外平衡式热力膨胀阀,捷达及大众车系多采用外平衡式膨胀阀或 H 形膨胀阀,其外观图如图 4-12 所示,安装位置如图 4-13 所示。

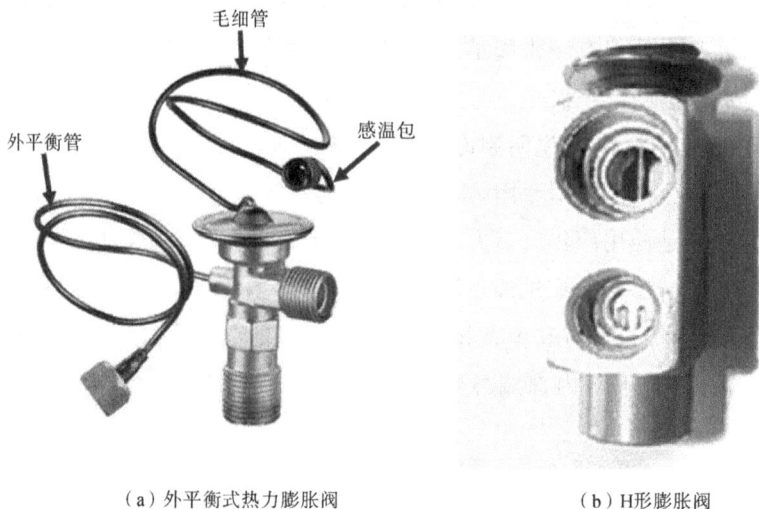

(a)外平衡式热力膨胀阀　　　　　　　　(b)H形膨胀阀

图 4-12　膨胀阀的外观图

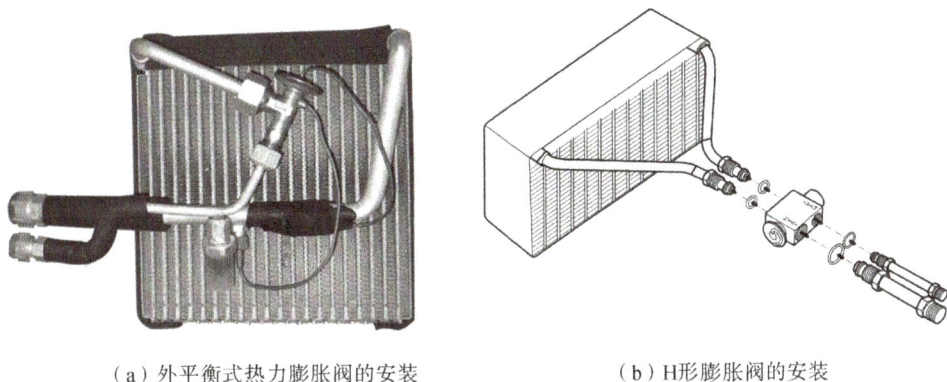

（a）外平衡式热力膨胀阀的安装　　　　　（b）H形膨胀阀的安装

图4-13 膨胀阀的安装位置

1）热力膨胀阀

外平衡式热力膨胀阀的结构及工作原理图如图4-14所示，主要由感温包、压力弹簧、膜片、节流阀、毛细管及外平衡管等组成。

感温包内充有饱和气体（氟利昂工质），并通过毛细管与膜片上方相连，膜片下方通过外平衡管与蒸发器出口相连。

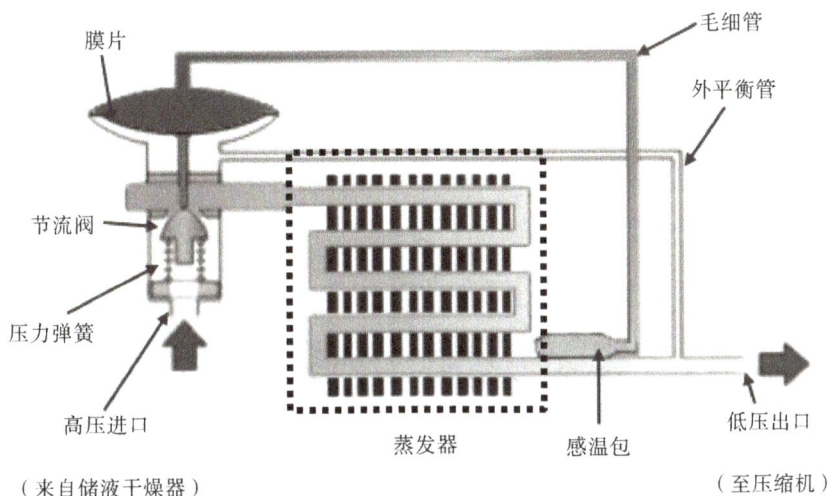

图4-14 外平衡式热力膨胀阀的结构及工作原理图

工作原理：压缩机不工作时，膜片上下压力相等，在节流阀弹簧作用力下，节流阀处于关闭状态，当压缩机开始工作时，蒸发器内部与蒸发器后方压力降低，使得膜片下移，并通过膜片下方的推杆，使节流阀打开，高压制冷剂通过节流阀流入蒸发器进口，然后进入蒸发器完成蒸发吸热过程。

当流入蒸发器的制冷剂吸收热量较多(蒸发器的热负荷较大)时,感温包通过感知蒸发器出口温度,从而使得感温包内部的饱和气体膨胀,膜片下移将节流阀打开成一个更大的角度,以使更多的制冷剂进入蒸发器进行蒸发吸热,减小蒸发器的热负荷。

当膨胀阀开启过大时,蒸发器出口处的压力升高,或者当压缩机排量变小时,蒸发器出口压力增大。膜片下方的压力通过外平衡管感知蒸发器出口压力升高时,膜片上移使得膨胀阀开口关小。此外,当蒸发器温度过低,制冷剂在蒸发器中吸收热量较少时,感温包温度降低,使得膜片上方压力降低,膜片上移,关小膨胀阀开口,以减少蒸发器内部制冷剂流量。

感温包固定在蒸发器的出口或尾管处,感温包感应出尾管的温度后,通过毛细管对阀中膜片产生作用,当作用在膜片顶部的压力比蒸发器内压力与弹簧压力的组合还大时,针阀从阀座移开,直到压力达到平衡为止,保证适量的制冷剂流入蒸发器。

尾管处的热增加,感温包中的膨胀气体,通过毛细管作用在膜片上的压力增加,膜片接着又迫使推杆向下推动阀销和针阀,使更多的制冷剂进入蒸发器。

外感温式
膨胀阀

尾管处的温度下降时,感温包和膜片上的压力降低,从而使针阀上升,流入蒸发器的制冷剂量变小。

2)H形膨胀阀

H形膨胀阀取消了外平衡式膨胀阀的外平衡管和感温包,使其直接与蒸发器进出口相连。它有四个接口通往空调系统,其中两个接口和普通膨胀阀一样,一个接储液干燥器的出口,另一个接蒸发器进口;另两个接口,一个接蒸发器出口,一个接压缩机进口。感温包和毛细管均由薄膜下面的感温元件取代。H形膨胀阀因其通路形同H而得名,其结构和工作原理图如图4-15所示。

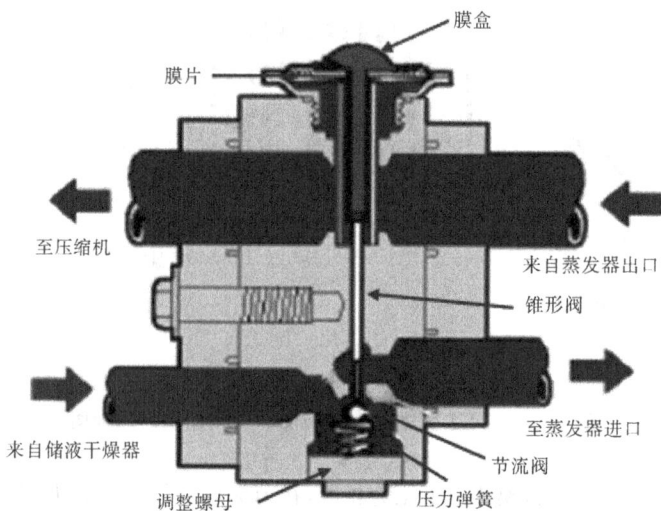

图4-15　H形膨胀阀的结构及工作原理图

H 形膨胀阀工作原理：

①温度控制。在蒸发器内部蒸发后的制冷剂，流经膨胀阀上端的回气通道，其温度影响感温膜盒上部的饱和气体，饱和气体受热胀冷缩影响向下顶动锥形阀，从而使节流口的球阀上下移动改变节流口开启大小，当温度较高时，膨胀液体积增大，从而带动锥形阀向下移动，增大节流口，增加流向蒸发器的制冷剂，反之，关小节流口，就会减少流向蒸发器的制冷剂。

②压力控制。由于膨胀阀上部的回气通道与压缩机进气口相连，所以当蒸发器内部负压较大（压力较低）时，回气通道内部的吸力使得感温膜盒向下移动，从而顶动中间通路的锥形阀向下移动，并顶开节流口的球阀，节流口增大，更多的制冷剂流入蒸发器，从而使得蒸发器内部及回气通道内部的压力增大，保证足够的制冷剂进入蒸发器以吸收更多的热量。反之，当蒸发器及回气通道的压力上升到某个值时，锥形阀上移，节流口球阀在弹簧力作用下关小节流口，减少流进蒸发器内部的制冷剂。

H 形内感温式膨胀阀

3）节流管

膨胀阀的另一种形式是节流管，也称细管，用于孔管系统中，它没有感温包、平衡管，而有一个小孔节流元件和一个网状过滤器，一般用在隔热性能好，且车内负荷变化不大的轿车上。节流管的结构及工作原理图如图 4-16 所示。

节流管

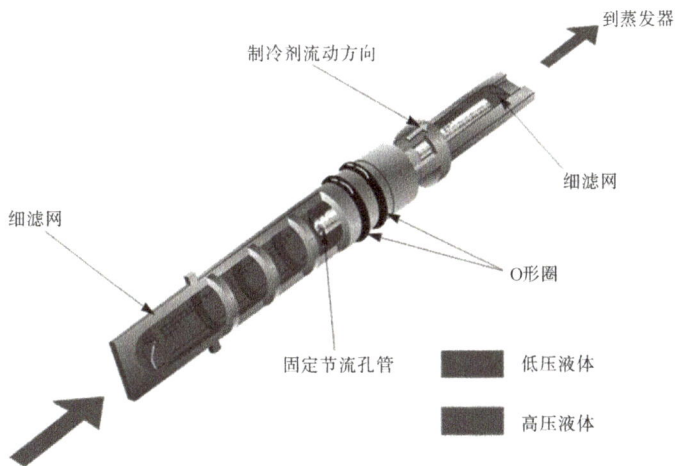

图 4-16 节流管的结构及工作原理图

3.膨胀阀的检修

1）膨胀阀常见故障及现象

①膨胀阀开度过大，制冷系统中高、低压压力均偏高，低压侧管路有结霜或大量露水。

②膨胀阀开度过小，制冷系统中高压侧压力高，低压侧压力低，制冷不足。

③膨胀阀入口阻塞，膨胀阀有结霜现象，且制冷不足。

④膨胀阀的针阀（球阀）与阀体产生黏住、发卡或阀口脏堵,空调系统时好时坏,伴有膨胀阀结霜现象,高、低压压力值不规则跳动。

⑤膨胀阀产生冰堵现象,空调制冷系统有规律地时好时坏,高、低压压力有规则地跳动。

⑥感温包位置安装不当,固定不牢固或保温层损坏。安装位置太靠前（靠近蒸发器出口）或保温层损坏,则高压高,低压低,制冷不足;若是安装位置太靠后（靠近压缩机端）或感温包与低压管接触不良,则系统中的高、低压均高,低压侧管路结霜。

2）膨胀阀的检修

①检修过程中,如果是上述①或②故障,可调整膨胀阀底部的调节螺栓,以调节膨胀阀弹簧的预紧度。

②如果是上述③故障,可拆出膨胀阀进行清洗,烘干后再装回系统中,或者更换膨胀阀。

③如果是上述④故障,可拆下膨胀阀用制冷剂清洗,后加冷冻机油,也可以更换膨胀阀。

④如果是上述⑤故障,可先排空制冷系统,然后抽成真空,再重新加注制冷剂,或者更换储液干燥器。

⑤如果是上述⑥故障,应重新安装固定感温包,并包好保温层。

4.2.6 蒸发器（蒸发箱）

1. 蒸发器的作用

蒸发器也称蒸发箱,其结构与冷凝器类似,如图4-17所示,但其作用恰恰与冷凝器相反。如图4-18所示,其主要功能是提供足够的空间,使经过节流的制冷剂在蒸发器内吸收流过空气的热量并蒸发变成低温低压的气体,再将被冷却的空气吹入驾驶室。此外蒸发器还有另一项任务,它从空气中吸收水分,从而使空气变干燥,干燥后的空气可防止车窗玻璃起雾。

低温低压的制冷剂气体进入压缩机并进行下一循环。

图4-17 蒸发器的结构

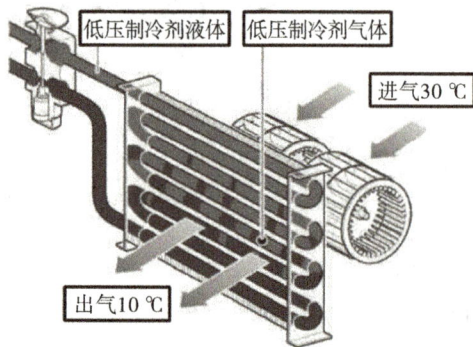

低压制冷剂液体　低压制冷剂气体
进气30℃
出气10℃

图4-18 蒸发器的工作原理

2.蒸发器的分类和构造

(1)管片式蒸发器。管片式蒸发器像管片式冷凝器一样,由铜质或铝质圆管套上铝翅片,安装在一系列薄散热片内的制冷剂螺旋管构成。蒸发器可以在最小的空间范围内发挥最大量的热传导。

(2)管带式蒸发器。管带式蒸发器由多孔扁管与蛇形散热铝带焊接而成,如图4-19所示。管带式蒸发器的工艺比管片式复杂,需采用双面复合铝材及多孔扁管材,该种蒸发器换热效率比管片式提高了10%左右。

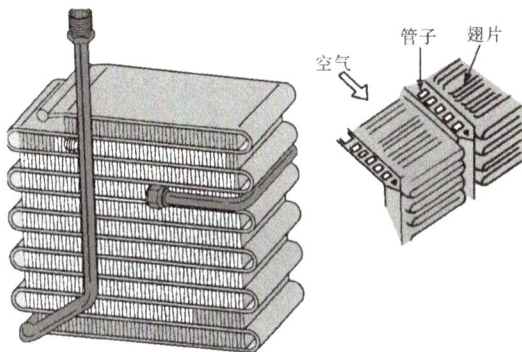

图4-19　管带式蒸发器

(3)层叠式蒸发器。层叠式蒸发器由两片冲成复杂形状的铝板叠在一起组成制冷剂通道,每两片通道之间夹有蛇形散热铝带,这种蒸发器也需要双面复合铝材,且焊接要求高,加工难度大,但换热效率高,结构也最紧凑,如图4-20所示。

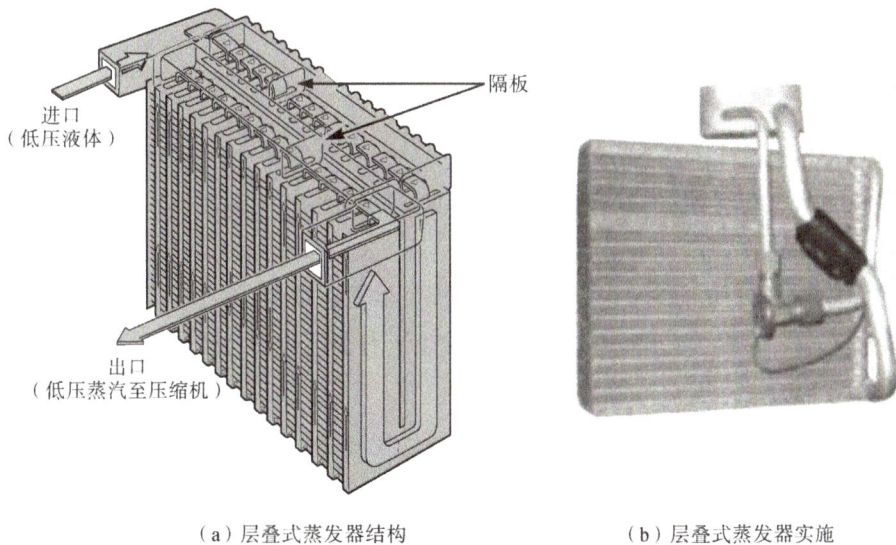

（a）层叠式蒸发器结构　　　　　　（b）层叠式蒸发器实施

图4-20　层叠式蒸发器

3.蒸发器的工作原理

如图4-18所示,蒸发器接收膨胀阀排出的低压、雾化液体的制冷剂,当此制冷剂流过蒸发器时,热空气的热量被冷的制冷剂吸收。

当液态制冷剂吸收足够热量后,制冷剂从低压液体变化为低压蒸气,膨胀阀连续限量,保持适当热传导效率所需要的制冷剂的精确流量,保证了全部液态制冷剂在其流到蒸发器出口时已经变为气态。

蒸发器

4.蒸发器总成

蒸发器总成是指与蒸发器安装在一起的鼓风机、温度控制器以及其他相关的零部件的组合装置,采用这种结构形式便于整体安装和拆卸,避免零件散失,维修也很方便。安装于箱体内的蒸发器总成如图4-21所示。

图4-21　蒸发器总成

5.蒸发器的检查

蒸发器由于安装在驾驶室内,一般除零配件质量问题及由于安装不当造成的人为损坏外,一般不会产生泄漏。

(1)检查蒸发器外表是否有积垢、异物,检查蒸发器是否损坏。

(2)用检漏仪检查蒸发器是否有泄漏问题,如果本身泄漏应焊补或更换。

(3)观察排气管路是否洁净、畅通。

(4)安装时,注意进出口切勿接错,温控元件或感温包要牢固地安装在合适的位置,膨胀阀的感温包应包敷好保温材料,更换新的蒸发器时,必须补加一定量的冷冻机油。

4.2.7　导管与软管

导管用于不移动的部分,软管用于适应发动机振动而要求具有柔性的部位,由内外橡胶层和中间增强层组成,系统管路布置如图 4 - 22 所示 。

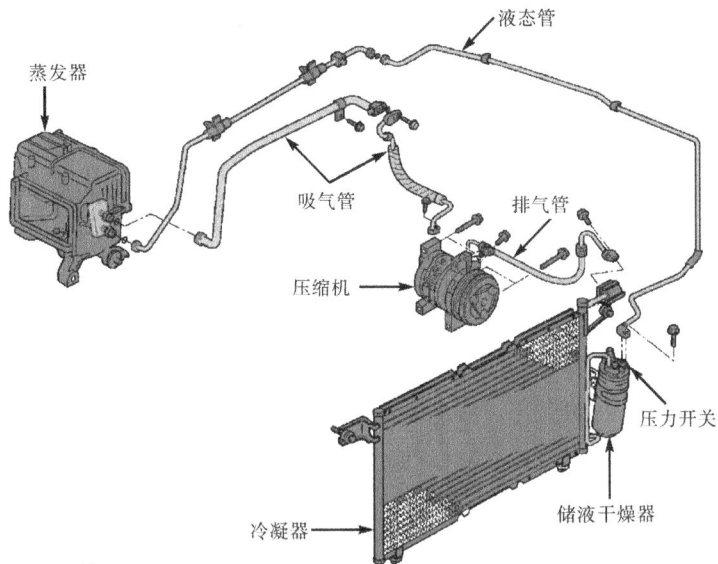

图 4 - 22 **系统管路布置**

1. 系统管路的分类

根据功能不同,系统管路有以下分类。

(1) 吸气管。吸气管也叫低压管或低压蒸气管,用来连接蒸发器和压缩机,直径是空调系统中最大的,运送来自蒸发器的低温和低压制冷剂蒸气到压缩机,触及感觉凉。

(2) 排气管。排气管也称高压排气管,用来连接压缩机和冷凝器,供高压制冷剂蒸气通过,这根管子是烫的,不要触及,避免烫伤。

(3) 液态管。液态管也称为高压液体管路,用来连接冷凝器、储液干燥器、膨胀阀,这根管子一般是温暖的,在某些条件下会发烫,这根管将高压液体从冷凝器输送到储液干燥器,再将从储液干燥器出来的高压制冷液输送到膨胀阀。

2. 空调管路的检查与紧固

汽车空调管路检查的主要任务:检查空调管路中有无泄漏、堵塞,各管路连接是否有松动。

▶ 4.3 任务实施 制冷系统零部件检查

4.3.1 任务准备

准备实训车辆、三件套、电子检漏仪、手套、吹尘枪、空调性能诊断仪(如图 4 - 23 所示),实训相关车辆维修保养手册及使用手册。

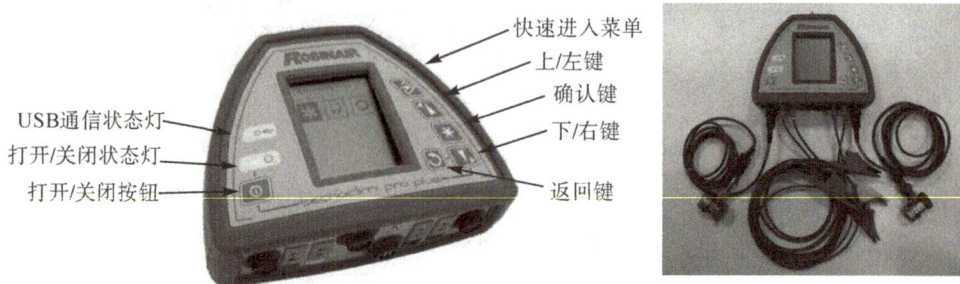

图 4 - 23 空调性能诊断仪

4.3.2 操作步骤

1.压缩机的检查

(1)安装三件套,打开引擎盖。

(2)检查压缩机运转情况,检查压缩机皮带的张力,观察压缩机是否有泄漏,压缩机是否打滑,压缩机内部是否有噪声。

(3)连接空调诊断仪,将诊断仪的高压传感器(红色)连接至高压维修阀门,低压传感器(蓝色)连接至低压维修阀门,TK1 传感器(红色)的夹头夹在压缩机入口金属管路处,TK2 传感器(黄色)的夹头夹在压缩机出口金属管路处,TK3 传感器(黑色)的夹头夹在蒸发器入口金属管路处,TK4 传感器(蓝色)的夹头夹在蒸发器出口金属管路处。

(4)启动发动机,开启空调,将空调温度调至最低,模式调至迎面风,风量调至最大,运行稳定 3 min,观察压力传感器的高、低压读数,压缩机进、出口处的温度,并作好记录。

注意:压力传感器在安装前,逆时针方向旋到顶部,使快速接头阀门关闭。握住快速接头与空调管路的阀门对接,顺时针旋转旋钮,打开阀门。

2.热交换器的检查

(1)检查冷凝器、蒸发器是否运行正常,冷凝器表面是否被尘土和污物覆盖,散热片是否变形,用检漏仪检测接头处是否有泄漏,如果有上述情况,需要进行清洁和矫正。

(2)TK1 传感器(红色)的夹头夹在冷凝器入口金属管路处,TK2 传感器(黄色)的夹头夹在冷凝器出口金属管路处。按照前面要求启动发动机和空调系统,观察冷凝器散热风扇是否运行正常,检查鼓风机是否运行正常,观察压力传感器的高、低压读数,冷凝器、蒸发器进、出口处的温度,并作好记录。

3.膨胀阀的检查

(1)用检漏仪检查膨胀阀是否有泄漏和结霜情况。

(2)TK1 传感器(红色)的夹头夹在膨胀阀入口金属管路处,TK2 传感器(黄色)的夹头夹在膨胀阀出口金属管路处。按照前面要求启动发动机和空调系统,观察膨胀阀进、出口处的温度,并作好记录。

4.储液干燥器的检查

(1)用检漏仪检查膨胀阀接头处是否有泄漏情况;通过观察窗检查制冷剂的流动情况。

(2)TK1 传感器(红色)的夹头夹在储液干燥器入口金属管路处,TK2 传感器(黄色)的夹头夹在储液器出口金属管路处。按照前面要求启动发动机和空调系统,检测储液器进、出口处的温度,并作好记录。

(3)通过观察窗口观察系统中制冷剂流动情况,并作好记录。

(4)按照 6S 要求整理现场。

4.3.3 实施记录

将检测的相关数据填入表 4-1~表 4-4 中。

表 4-1 空调压缩机检查项目单

车型				
检查项目		检查结果	检查项目		检查结果
温度	压缩机温度		压力	高压压力	
	进气口温度			低压压力	
	排气口温度			有无异响	
检查结果分析	记录与结论: 记录人:				

表 4 - 2　热交换器检查项目单

车型				
	检查项目	检查结果	检查项目	检查结果
冷凝器	进口温度		外观是否清洁	
	出口温度		散热风扇工作是否正常	
	有无泄漏		散热片有无变形	
蒸发器	进口温度		有无泄漏	
	出口温度		鼓风机工作是否正常	
高压压力			低压压力	
检查结果分析	记录与结论： 记录人：			

表 4 - 3　膨胀阀检查项目单

车型				
检查项目	检查结果		检查项目	检查结果
有无泄漏			进口温度	
有无结霜现象			出口温度	
检查结果分析	记录与结论： 记录人：			

表 4 - 4　储液干燥器检查项目单

车型				
检查项目	检查结果		检查项目	检查结果
有无泄漏			进口温度	
有无结霜现象			出口温度	
是否清洁			制冷剂流动情况	
检查结果分析	记录与结论： 记录人：			

思考与练习

1. 单选题

(1)下列部件中,(　　)不是汽车上制冷系统的部件。

A. 蒸发器　　　　　B. 膨胀阀　　　　　C. 集液器　　　　　D. 压缩机

(2)空调制冷系统中蒸发器的作用是(　　)。

A. 控制制冷剂流量　　　　　　B. 吸收汽车车厢中的热量

C. 散发制冷剂热量　　　　　　D. 以上都不是

(3)下列关于冷凝器的表述正确的是(　　)。

A. 冷凝器不需要发动机冷却风扇进行冷却

B. 从压缩机排出的高压气态制冷剂,必须由冷凝器下部接口进入

C. 冷凝器应该经常清洗,保持清洁

D. 冷凝器是将压缩机排出的高温高压气态的制冷剂冷凝成低温低压液态的制冷剂

(4)下列部件中,(　　)是空调系统中放热的部件。

A. 储液干燥器　　　B. 集液器　　　　　C. 蒸发器　　　　　D. 冷凝器

(5)汽车空调制冷压缩机,一般来说,排气管比吸气管的直径要(　　)。

A. 大些　　　　　　B. 一样大　　　　　C. 小些　　　　　　D. 大小不一定

(6)空调制冷系统中压缩机的作用是(　　)。

A. 控制制冷剂流量　　　　　　B. 完成压缩过程

C. 将制冷剂携带的热量散发至大气中　　D. 控制蒸发

(7)蒸发器中制冷剂为(　　)。

A. 高压气态　　　　B. 高压液态　　　　C. 低压液态　　　　D. 低压气态

(8)冷凝器中,经过风扇和空气冷却,制冷剂变为(　　)。

A. 高温高压气态　　B. 高温高压液态　　C. 低温高压液态　　D. 低压气态

(9)膨胀阀的安装位置是在(　　)。

A. 冷凝器入口　　　B. 蒸发器入口　　　C. 储液干燥器入口　　D. 压缩机入口

(10)汽车空调系统中储液干燥器的作用有(　　)。

A. 储液　　　　　　B. 吸湿　　　　　　C. 过滤杂质　　　　D. 以上都是

(11)引起制冷系统发生异响的原因主要发生在(　　)。

A. 压缩机　　　　　B. 冷凝器　　　　　C. 低压开关　　　　D. 蒸发器

(12)下列汽车空调部件中,不是热交换器的是( )。

A.供暖水箱　　　　B.冷凝器　　　　C.蒸发器　　　　D.鼓风机

(13)外平衡式膨胀阀,膜片下的平衡压力是从( )处导入。

A.冷凝器入口　　　B.蒸发器入口　　　C.冷凝器出口　　　D.蒸发器出口

(14)对于压缩机的检测,下列说法正确的是( )。

A.用手触摸压缩机进、出口温度,若温度相差不大,说明压缩机工作正常

B.压缩机正常工作时,进口温度较低、触感冰凉,出口温度较高、触感有些发烫

C.压缩机卡住,对电磁离合器没有影响

D.变排量压缩机一般不会损坏

(15)所有的压缩机都是由下列哪个部件直接或间接驱动的?( )

A.水泵带轮　　　　B.附件带轮　　　　C.发电机带轮　　　　D.曲轴带轮

2.判断题

(1)由于蒸发器表面温度低,容易出现结霜现象,影响制冷效果。　　　　　( )

(2)汽车空调储液干燥器的功用是防止系统中水分与制冷剂发生化学作用。　( )

(3)冷凝器与蒸发器之间的连接部件是压缩机。　　　　　　　　　　　　( )

(4)冷凝器应安装在车上不易通风的地方,让制冷机更容易液化。　　　　　( )

(5)空调热交换器中,冷凝器是用来散热的,蒸发器是用来吸热的。　　　　( )

(6)压缩机吸收的是高温低压的制冷剂蒸气。　　　　　　　　　　　　　( )

(7)压缩机是空调系统高、低压侧的分界点。　　　　　　　　　　　　　( )

(8)压缩机输出端高压管路、冷凝器、储液干燥器、液体管路构成高压侧。　( )

(9)膨胀阀越靠近蒸发器越好,目的是能减少阻力。　　　　　　　　　　( )

(10)在采用氟利昂制冷剂的制冷系统中一定要安装储液干燥器。　　　　　( )

(11)车辆维护时,冷凝器的散热片不需要清洁,因为冷凝器主要用来储存制冷剂。( )

(12)加大冷凝器的体积,就可以降低冷凝压力。　　　　　　　　　　　　( )

(13)如果冷凝器的散热片污垢较多,则会导致制冷系统高压侧压力过高。　　( )

(14)外平衡式恒温膨胀阀接收两个信号,除蒸发器出口温度信号外,还有冷凝器出口制冷剂的压力信号。　　　　　　　　　　　　　　　　　　　　　　　　　( )

(15)膨胀阀也称节流阀,安装在蒸发器的入口处,它是汽车空调系统的高压与低压的分界点。

( )

3.问答简述题

(1)压缩机的作用是什么?

(2)简述汽车空调蒸发器的作用和工作原理。

(3)简述压缩机常见故障现象,如何检查?

（4）简述如何用手感觉制冷系统不同部位温度变化以诊断压缩机和冷凝器的故障。

（5）根据观察窗中制冷剂的流动情况，说明观察窗出现图4-24所示情况时，管道中制冷剂的情况。

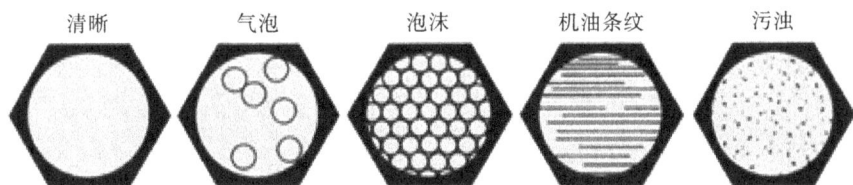

图4-24 观察窗观察到制冷剂的集中流动状态

汽车空调暖风及空气净化分配系统检修

▶ 5.1 教学目标

知识目标

（1）掌握空气状态参数的含义。

（2）掌握通风装置的结构和工作模式。

（3）掌握供暖系统的组成和工作原理。

（4）掌握空气滤清器的作用和分类。

能力目标

（1）能够拆装空调系统。

（2）能够判断车内的空气状态。

（3）能够利用专用设备清洗通风系统。

素质目标

（1）养成良好的环保、安全意识，具有团队协作精神。

（2）养成规范使用工具设备的习惯。

（3）养成爱护车辆、爱护工具的习惯。

案例导入

不管是炎热的夏天，还是寒冷的冬天，只要我们开启空调系统，就可以对车内温度、湿度、清洁度以及空气流动速度进行调节，可以调整风速的大小和方向，可以把车外的新鲜空气吸进车内进行换气，使车内空气保持四季如春的感觉，保持乘员的舒适和身体健康，在冬季行车时，可以清除挡风玻璃和后视镜的霜雾，如图 5-1 所示。这些功能是怎么实现的呢？本项目就是在空调制冷系统学习的基础上,继续进行空调暖风与通风系统构造的认知,以便能掌握汽车通风装置和暖风装置的工作原理,再根据其故障特点进行分析然后逐步将故障排除。

图5-1　冬季汽车的除霜

▷ 5.2　知识链接

为了乘车人的健康和舒适,车内空气要符合一定的卫生标准和合适的温度,保持车内空气洁净也是汽车空调的主要功能之一,要使空气洁净度达到要求,必须通过通风与净化系统来实现,把符合温度要求的空气送到车辆乘员舱内需要的位置。

将新鲜空气送进车内,取代污浊空气的过程,称为通风。

根据我国对轿车、客车的空调新鲜空气要求,换气量按人体卫生标准,每人最低不少于 $20\ \mathrm{m^3/h}$,即每小时每人应输入新鲜空气量最低不小于 $20\ \mathrm{m^3}$。且车内的 CO_2 浓度一般应控制在 0.03% 以下,风速控制在 $0.2\ \mathrm{m/s}$。

5.2.1　空气的基本参数

1.空气的组成

地球表面不同地点的空气,虽然都是由多种气体和水蒸气组成的混合物,但其成分是不相同的,平均而言,空气成分按照体积比大致为氮气(N_2)占 78%;氧气(O_2)占 21%;其他气体(如二氧化碳、一氧化碳、惰性气体等)占大约 1%,如图5-2所示。

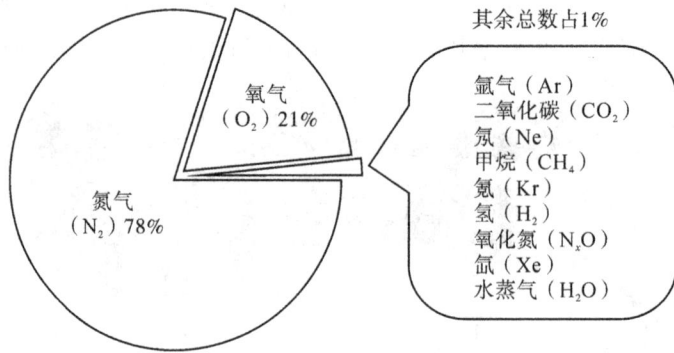

其余总数占1%

氩气（Ar）
二氧化碳（CO_2）
氖（Ne）
甲烷（CH_4）
氪（Kr）
氢（H_2）
氧化氮（N_xO）
氙（Xe）
水蒸气（H_2O）

氧气（O_2）21%

氮气（N_2）78%

图 5-2　标准的空气成分

空气环境内的空气成分和人们平时说的"空气"，实际是干空气加水蒸气，即湿空气。自然界的空气都是"湿空气"，干空气实际上是一个抽象概念，在自然界中并不存在，但是，因为在空气处理的过程中，空气中的水蒸气含量变化较大，而干空气的成分和数量却保持了相对的稳定。因此通常以干空气为基数，这样可以在减化计算繁琐程度的同时，使计算更精确。

2. 压力

压力是指物体所承受的与表面垂直的作用力。在国际单位制中，单位为帕斯卡（Pa）。在汽车空调系统中，利用压力表可以测量制冷系统中的高、低压力和真空度。检修过程中遇到的压力，是指液体或气体在系统内对系统内壁面的作用力。通常用每平方米壁面上作用力表示，例如，1 平方米壁面上的作用力是 1 牛顿，就是 1 帕斯卡，用符号 Pa 表示。地球表面单位面积上所受大气的压力称为大气压力或大气压，大气作用于地球表面的压力相当于 101 325 Pa，所以 Pa 是一个很小的单位。因此，我们还常用 1000 Pa 作为一个单位，用符号 kPa 表示，叫作"千帕"。如果用 1 000 000 Pa 作为一个单位，就称"兆帕"，用符号 MPa 表示。这样，1 个标准大气压力也可表示为 101.325 kPa 或 0.101 3 MPa。

压力表指示的压力是系统内的压力与外界大气压力的差值，称为工作压力或表压力。用压力表测大气压力，指示值为 0。当制冷剂的压力高于大气压力时，其值称为表压力；当制冷剂的压力低于大气压力时，其值称为真空。绝对压力、大气压力、表压力、真空的相互关系如图 5-3 所示。

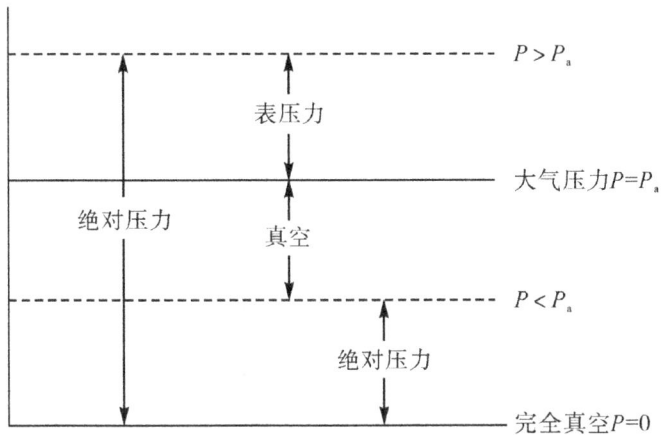

图 5 - 3　绝对压力、大气压力、表压力、真空的相互关系

3. 湿度

日常生活中的空气是由干空气和水蒸气组成的混合体,该混合体称为湿空气,湿度表示空气里含有水蒸气的量,一定体积和温度的空气中含有水蒸气越多,空气越潮湿,反之越干燥。

(1)绝对湿度。在标准状态下,每立方米湿空气中所含水蒸气的质量即为绝对湿度,单位:g/m^3 或 kg/m^3,绝对湿度只能反映空气中水蒸气实际含量的多少,不能直接反映空气的干湿程度。

(2)相对湿度。表示空气中的绝对湿度与同温度和气压下的饱和绝对湿度的比值即为相对湿度,也就是指某湿空气中所含水蒸气的质量与同温度和气压下饱和空气中所含水蒸气的质量之比。

相对湿度直观地反映了空气中水蒸气含量接近其饱和含量的程度,也就是反映出了空气吸收水蒸气的能力(又称为吸湿能力)和空气的潮湿程度,相对湿度为 100% 的空气就是饱和湿度,温度越高,饱和湿度越大。

湿度用百分比表示,在汽车空调中可用温度计来测量,人体感觉舒适的湿度为 $50\%\sim70\%$。

4. 温度

温度是表示物体冷热程度的物理量,温度的高低程度可用温度计来测量。

(1)干球温度(t_g)。干球温度是指用干湿球温度计测量空气温度时,干球温度计所指示的温度,干球温度代表了空气的冷热程度,在空调技术中,为了区别于湿球温度,才特别称之为干球温度。日常生活中我们所测得的空气温度就是干球温度。

(2)湿球温度(t_s)。感温包上裹有纱布的温度计就是湿球温度计,干湿球温度差的大小可以反映空气的潮湿程度,图 5 - 4 所示为干湿球温度计,它由两支普通水银玻璃棒温度计组成,左边为干球温度计,右边一支温度计的感温包上裹有一小块纱布,纱布的下端浸在盛有常温蒸馏水的容器中,由于毛细现象使得纱布处于湿润状态,感温包上裹有纱布的温度计就变成了湿球温度计。

由于水向空气中蒸发的速度与空气的潮湿程度有关,同样的干球温度条件下,空气越干燥,水的蒸发速度就越快,需要的汽化潜热就越多,湿纱布上的水温也相应越低,同时从空气中得到更多的显热,因此达到动态平衡时湿球温度与干球温度的温差就越大,如图5-4所示。

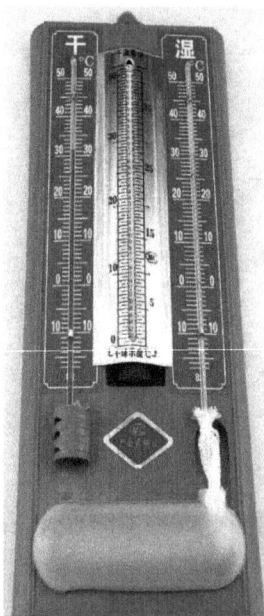

图5-4 干湿球温度计

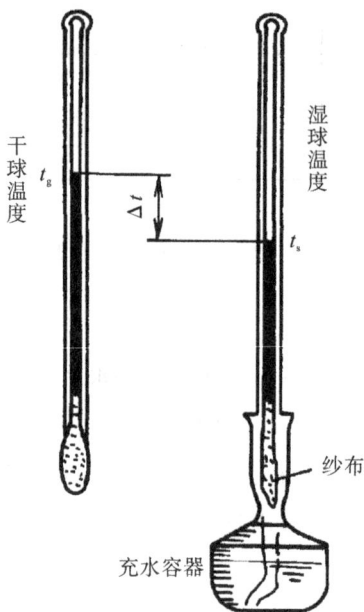

图5-5 干湿球温度计读数

干湿球温差可反映空气的干燥程度,干湿球温差越大,表示空气越干燥,当干湿球温差为0时,空气中所含的水蒸气处于饱和状态(湿度为100%)。

使用湿球温度计测量湿球温度时,要使湿球温度计感温包附近的空气流速达到2.5 m/s以上,达到热湿交换的平衡需要一定时间,所以读数时要使湿球温度计放置在测量地点至少1～2 min,等到读数稳定后,再读取其数值。

(3)露点温度(t_L)。任一状态的未饱和空气,在保持所含水蒸气量不变的条件下,使其温度逐渐降低,其湿度会增加,当空气中的水蒸气达到饱和状态,即空气的湿度为100%时,再进一步冷却,空气中的部分水蒸气就会凝结成露水,这个开始凝结成露水的温度就是露点温度,冬季汽车玻璃上起雾和夏季裸露的自来水管上常看到凝水就是这种现象。

当空气达到饱和湿度时,干球温度、湿球温度、露点温度完全相等。

5.热的传递

热从一处传递到另一处的现象称为热的传递,热的传递方法有传导、对流及辐射三种。

（1）热的传导。同一个物体或彼此接触的两个物体的两点间有温差时，热会由高温处经物体内部逐渐传至低温处的现象称为热的传导，物体两点之间传导的热量与这两点的温度差成正比，并且与物体的导热性有关，如手握冰块，体温将冰块融化则为热的传导，也称导热。

（2）热的对流。液体或气体因其一部分受热时，由热源引起流体的流动，把热量从一处传到另一处的现象称为热的对流，对流只能在液体或气体之间进行，热量传递是靠流体本身的流动而进行的，如在火炉上烧水，壶底的水受热上升而上方的冷水下沉产生对流的作用，直至整壶水都烧开为止。

（3）热的辐射。热源通过辐射波直接将热量传递给其他物体的现象称为热的辐射，如面对高温的固体表面或火焰会感觉到热、太阳的热传到地球等是典型的热辐射，热辐射与电磁波一样可以在真空中传播，热辐射传递给物体的热量与物体表面的颜色有关，颜色越深，吸收热量的比例就越高。

5.2.2　汽车空调供暖系统

供暖系统也称暖风系统，在汽车空调系统中，采暖是重要的功能之一。

通风装置中，由鼓风机强制使空气循环运动，如图5-6所示，空气经由进风口被吸入，流经热交换器时被加热，并由出风口导出，进入车厢内实现取暖或为挡风玻璃除霜。

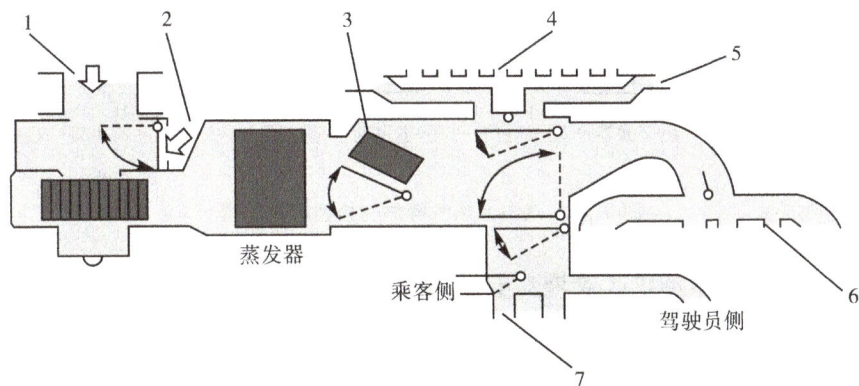

1—新鲜空气进口；2—再循环空气进口；3—热交换器芯；4—除霜空气出口；
5—侧除霜空气出口；6—通风口；7—地板暖风出口。

图5-6　暖风系统工作原理

1.汽车空调供暖系统的主要作用

（1）加热器和蒸发器一起将空气调节到人体所需要的舒适温度。即利用空调制冷系统和供暖系统通过冷、热风的调和，可对车内的温度与湿度进行调节，将空气调节到人体所需要的舒适温度与湿度。

（2）冬季供暖。汽车空调供暖系统可将车内空气或送入车内的外部新鲜空气加热，以提高车内空气温度。

（3）车上玻璃除霜。在冬季或春季，由于车内、外温差较大，故车辆玻璃会起雾和结霜，影响驾驶员的视线，不利于行车安全，这时，可通过供暖系统产生的热风来除霜、除雾，以提高驾驶安全性。

2.汽车供暖系统的结构形式

汽车空调供暖系统按暖气设备所使用的热源可分为发动机余热式和独立热源式；按空气循环方式可分为内循环、外循环和内外混合循环式三种；按载热体可分为水暖式和气暖式两大类。

（1）余热气暖式暖风装置。汽车余热气暖式热交换器暖风装置如图5-7所示，它是在发动机的排气管上安装的一个热交换器，用于加热空气，工作时，将通往消声器的阀门关闭，汽车废气就进入热交换器内，用于加热热交换器外的冷空气，冷空气通过热交换器吸收热量后温度升高，由鼓风机吹入车厢内，用于采暖和除霜。

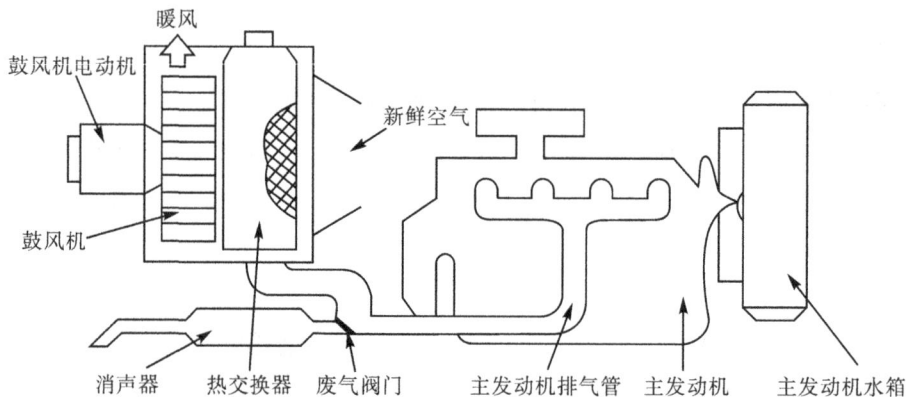

图5-7　汽车余热气暖热交换器暖风装置

余热气暖式暖风装置的供暖效果受车速、发动机工作状况影响，供暖温度不够稳定：车速快，传热效果好；车速低，传热效果差。其次，排气中的二氧化硫、水等杂质会腐蚀排气管壁和热交换器管壁，且受腐时间过长，再者，排气管道和热交换器也增加了发动机的排气阻力，增加了发动机的功率消耗，同时对发动机的工作状况产生影响。

（2）水暖式暖风机（余热式）。发动机缸体出来的热的冷却液，分流一部分进入热交换器，再利用鼓风机强迫冷空气通过热交换器，将被加热后的空气送入车厢，用来取暖或进行风窗除霜。

水暖式暖风机的结构有两类，一类是单独的暖风机总成，由暖风水箱（散热器）、鼓风机及外壳组成一个完整总成，如图5-8（a）所示，壳体上有吹向足部、头部的出风口及吹向风窗起除霜作用的出风口；另一类是与冷气蒸发器组成一体，称为一体式空调器或全空调器，与冷风共用鼓风机及壳体，便于实现温度自动控制，如图5-8（b）所示。目前，大部分轿车及带空调的卡车都采用后一种。

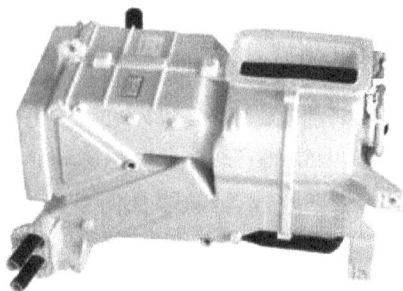

（a）单独的暖风机总成　　　　　　　（b）一体式空调器/全空调器

图 5-8　水暖式暖风机

3. 水暖式暖风机的工作原理

水暖式暖风机的工作原理是借助于发动机的水泵实现热的冷却液循环,如图 5-9 所示,使得冷却液分流一部分进入热交换器芯,冷空气被鼓风机强迫通过热交换器芯,被加热后送向车厢取暖和风窗除霜。在热交换器芯中被带走热量的冷却液离开加热器后,又被发动机水泵抽回发动机膨胀水箱,完成一次循环。在发动机缸体的出水口有一个水阀可以关闭和控制水量大小,从而调节暖风机的产热量,起到调节热量的作用。

暖风系统

1—热交换器软管;2—热水阀;3—节温器;4—散热器软管;5—膨胀水箱;
6—热交换器芯;7—发动机;8—水泵;9—风扇;10—散热器。

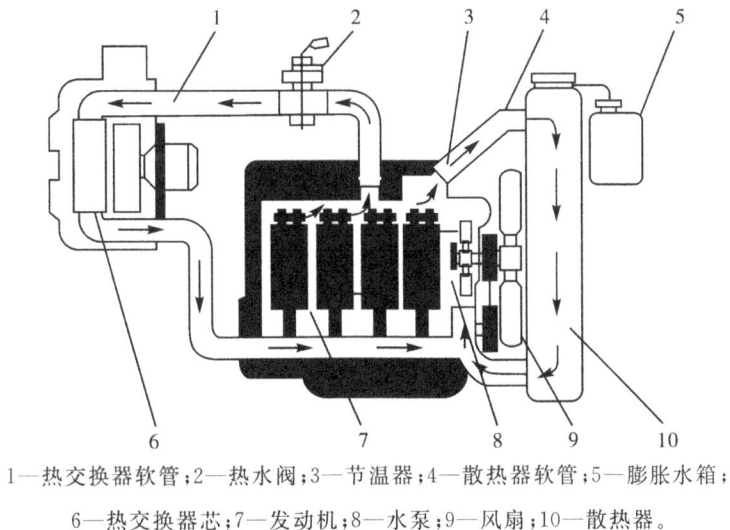

图 5-9　水暖式供暖系统工作原理图

5.2.3　汽车通风系统

汽车空调已由单一制冷或供暖方式发展到冷暖一体化形式,由季节性空调,发展到全年性空调,真正起到空气调节的作用,汽车通风装置将外部新鲜空气引入车内,实现车内通风,以保证驾乘人员的健康和舒适。通风还可起到调节车内温度的作用,空调通风系统主要由空调滤芯、鼓风机、蒸发器、加热器芯(散热小水箱)、出风口分配管路总成等组成,如图 5-10 所示。

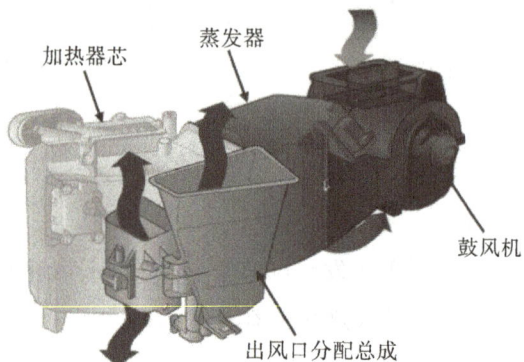

图 5-10　空调通风系统的组成

车辆一般装备有两种通风方式:自然通风和强制通风。

1. 自然通风

自然通风以汽车行驶时对车身外部所产生的风压为动力,在适当的部位开设进风口和排风口,以实现车内的通风换气。图 5-11 所示为轿车空调自然通风循环示意图,其进气口设在车头部位或天窗,这个位置属于正压区,进来的空气较新鲜;排气口设在车尾部,为负压区。

由于自然通风不消耗任何动力,且结构简单,通风效果也较好,因此,轿车大都设有自然通风口,打开车窗或天窗也属于自然通风。

图 5-11　轿车空调自然通风循环示意图

2. 强制通风

强制通风是一种利用鼓风机强制将车外空气送入车厢内进行通风换气的通风方式,在轿车的通风系统中,由于空调系统采用冷暖一体化的配气方式,通风系统、蒸发器与加热器联合工作,因此,采用强制通风时,可对车内的温度、湿度及空气质量进行综合调节,使车内环境更舒适。

3. 综合通风

综合通风是指一辆汽车上同时采用自然通风和强制通风。采用综合通风系统的汽车比单独采用强制通风或自然通风的汽车结构要复杂得多。最简单的综合通风系统是,在自然通风的车身基础上安装强制通风风扇,根据需要可分别使用和同时使用,基本上能满足各种气候条件的通风换气要求。

综合通风系统虽然结构复杂,但节省电力,经济性好、运行成本低。特别是在春秋季节,可取代制冷系统工作,用动压通风导入凉爽的空气,从而可以保证舒适性要求,这种通风方式近年来在汽车上的应用逐渐增加。

5.2.4　汽车空调空气分配系统

空气分配系统根据空调的工作要求,不仅能将新鲜空气引入车厢内,而且能将冷气、热风及新鲜空气有机地进行混合调节,形成冷暖适宜的气流吹入车厢。

汽车空调的气流组织过程分三个阶段:空气进气阶段、空气混合阶段及空气分配阶段。汽车空调空气分配系统如图 5-12 所示。

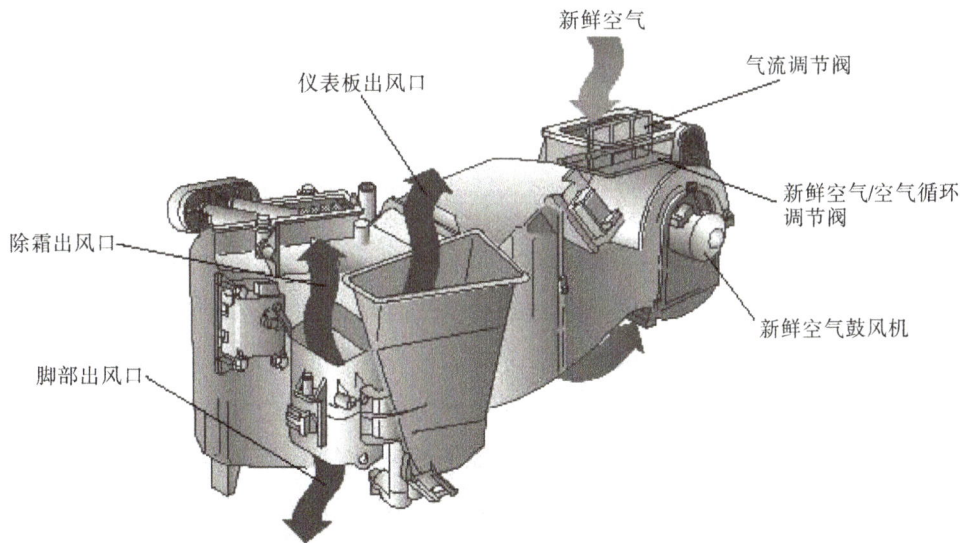

图 5-12　汽车空调空气分配系统

1. 空气进气阶段

汽车空调工作时,空气进气阶段气流的组织形式有两种:一种是外界新鲜空气进入空调系统进行空气调节工作,称为外循环;另一种是车内空气进入空调系统进行空气调节工作,称为内循环。在通风系统鼓风机前方有两个进气口,一个通过空调滤芯与驾驶室外部相通,另外一个则在驾驶室内部,与驾驶室相通;在这两个进气口中间,装有一个空气循环模式控制风门,叫新鲜风/循环风门,通过对此风门的控制可以分别实现驾驶室空气的室内外循环控制,如图 5-13 所示。

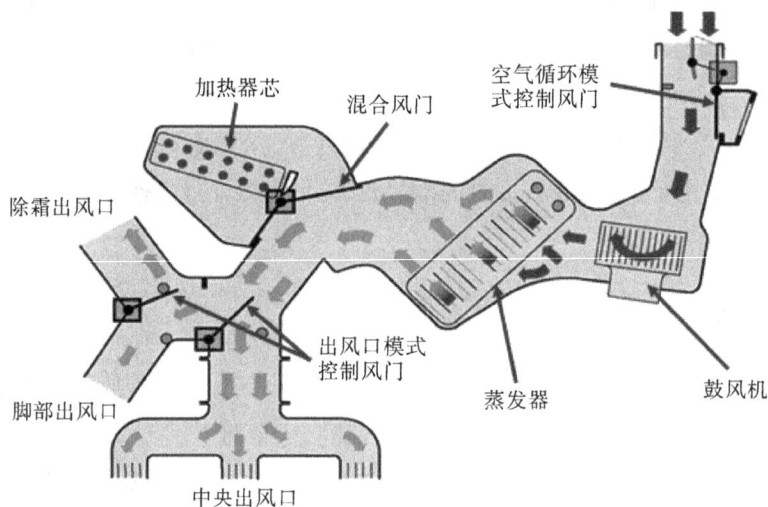

图 5-13 空调空气分配系统工作原理

当夏季室外空气温度较高时,应该尽量开启内循环,使压缩机运行时间减少;同理,当冬季室外温度较低时,也应该尽量开启内循环,以保持车内温度。当汽车车内空气质量下降时,应开启外循环,使更多的新鲜空气进入车内。

2. 空气混合阶段

汽车空调工作时,空气混合段主要由混合风门来控制空调系统的工作温度,混合风门通过调节冷空气与热空气的比例来控制空调系统出口空气的温度,进而控制车内温度。当混合风门处于全开状态时,空气全部经过加热器,空调系统出口为热空气,此时空调系统吹出的空气温度最高,如图 5-14 所示;当混合风门处于关闭位置状态时,空气不经过加热器,而全部经过蒸发器,空调系统出口空气温度最低,此时空调系统处于最大制冷状态,如图 5-15 所示;改变混合风门开度,可以改变冷空气与热空气的比例,从而得到不同温度的空气,达到调节车内温度的目的,如图 5-16 所示。

图5-14　采暖时空气的流动

图5-15　制冷时空气的流动

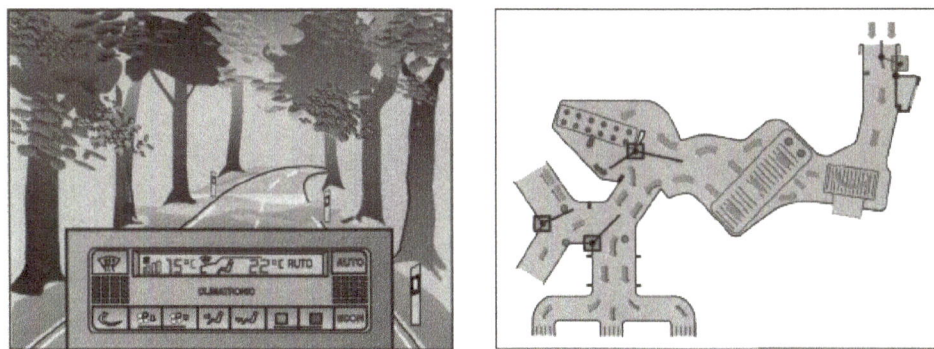

图5-16　混合时空气的流动

3.空气分配阶段

迈腾轿车的空气分配系统如图5-17所示,主要由各种风门和风道组成,用来控制空气的吹向,可调节空调风吹向挡风玻璃、乘员的面部或脚部。另外,控制空调器内风机转速,调节空调风的流量,改变人体感觉的温度。对于高配置乘用车的空调系统,在后排也配有空气分配系统。

空调通风
系统的结构

面部出风口

间接出风口

手套箱制冷出风口

中央扶手储物箱
（带制冷功能）

中央出风口（后）

脚部出风口（后）

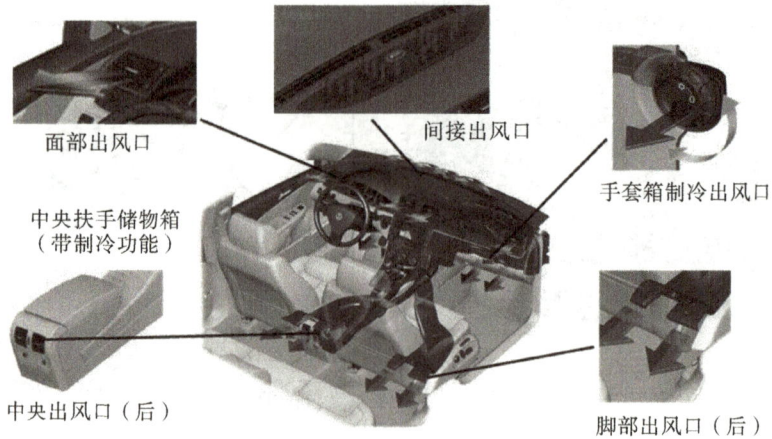

图 5-17 迈腾轿车的空气分配系统

5.2.5 空气净化系统

汽车车外空气受到粉尘、烟尘以及汽车尾气中一氧化碳、二氧化硫等有害气体污染,车内空气受乘客呼出的二氧化碳、人体汗味以及漏入车内的废气污染,这些因素降低了车内空气的洁净度,因此,现代汽车空调装备了空气净化器,能够清除车内空气中的异味,去除车外空气中的花粉和灰尘,净化空气,图 5-18 所示为空气净化系统的布置图。

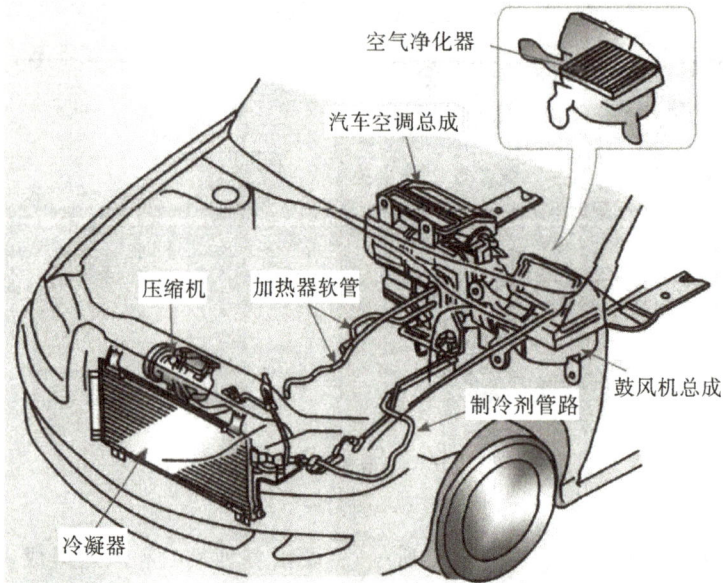

空气净化器

汽车空调总成

压缩机

加热器软管

鼓风机总成

制冷剂管路

冷凝器

图 5-18 空气净化系统的布置图

空气净化主要是除去空气中的悬浮尘埃及车内烟雾,此外,在某些高级豪华轿车空调中还设有除臭和空气负离子发生装置。

汽车空调系统采用的空气净化装置通常有空气过滤式和静电集尘式两种。前者是在空调系统的送风和回风口处设置空气滤清装置，有普通型空调滤清器和活性炭空调滤清器两种；后者则是在空气进口的过滤器后再设置一套静电集尘装置或单独安装一套用于净化车内空气的静电除尘装置。

1. 过滤除尘

过滤除尘是指采用由无纺布、过滤纤维等组成的干式纤维过滤器对空气进行除尘，对于较大的尘埃，由于惯性作用，其来不及随气流转弯而碰在纤维孔壁上；对于微小颗粒，在其围绕纵横交错的纤维表面运动时，与纤维摩擦产生静电作用，被纤维吸附在其表面。

汽车空调中，一般选用直径约为 $10~\mu m$ 的中孔聚氨团泡沫塑料、化纤无纺布和各种人造纤维作为过滤器，形状有方形和圆柱形。汽车空调滤芯如图 5-19 所示。

图 5-19　汽车空调滤芯

2. 静电除尘

静电除尘是指利用高压电极产生高压电场，对空气进行电离，使尘粒带电，然后在电场作用下产生定向运动，沉降在正负电极上，以实现对空气的除尘。

静电除尘式空气净化装置原理如图 5-20 所示，其工作过程是，外部进来的空气由粗滤器除去空气中较大的尘粒，由静电除尘器吸附细微尘埃，通过活性炭过滤器除去烟气和异味，由负离子发生器供给负离子，再由鼓风机将净化后的空气送入车内。

净化空气

活性炭过滤器

鼓风机

负离子发生器

充电电极

除尘电极

粗滤器

污浊空气

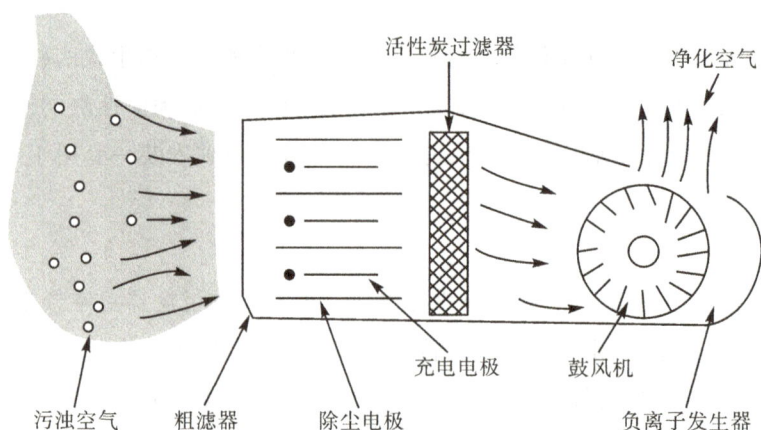

图 5-20　静电除尘式空气净化装置原理

3.净化烟雾

对于装有自动空调系统的汽车,有些车辆在空调器内部设置了烟雾浓度传感器。当接通点火开关且空调器处于"AUTO"模式时,烟雾浓度传感器开始检测烟雾,将信号发送给空调控制单元,空调 ECU 控制送风机在有烟雾时低速运转,而在没有烟雾时停止运转,以保持车内空气清新。

净化系统

5.2.6　风管道的清洁

汽车空调系统在使用过程中,空气会在鼓风机、制冷系统蒸发器、暖风系统的水箱以及风道中流动,空气在循环过程中就会在上述装置的表面积累许多尘埃、水分、细菌及其他污垢物,如果在蒸发器表面有冷凝水及灰尘堆积物,不但会影响蒸发器与周围空气的热量交换,造成热交换效率和制冷效率降低,降温时间延长,缩短空调的使用寿命,耗油量增加,还使车内产生异味,时间久了更会在空调系统内部滋生细菌,如图 5-21 所示。同时附着在车辆空调管路部件上的水分和污染物,随着车内空气的循环流通,易导致真菌、霉菌、细菌等微生物的滋生,每当打开空调,这些微生物伴随着难闻的气味被吹到驾乘人员呼吸的空气中,会对人体呼吸系统及皮肤造成损害和过敏反应,直接影响人体健康。因此,汽车空调风管道系统需要定期进行消毒清洁,且至少每年一次。

图 5 - 21　有害物质在蒸发器表面的积聚

　　汽车空调管道的清洗分为拆卸清洗和免拆卸清洗,由于汽车风管道安装比较隐蔽,拆卸难度较大,一般都采用免拆卸清洗。

　　免拆卸清洗是将清洗剂喷入空调进风口,利用空气使清洗剂在空调管道中流动。清洗剂具有强渗透性,能够分解乳化污垢,具有杀菌、消毒、除异味功能,分解的污垢随风从出风口排出,从而达到清除部分空调系统中沉积的尘土、污垢,以及杀菌、消毒、除异味的作用,从而保证车内空气的清洁,汽车空调免拆卸清洗的工作原理如图 5 - 22 所示。

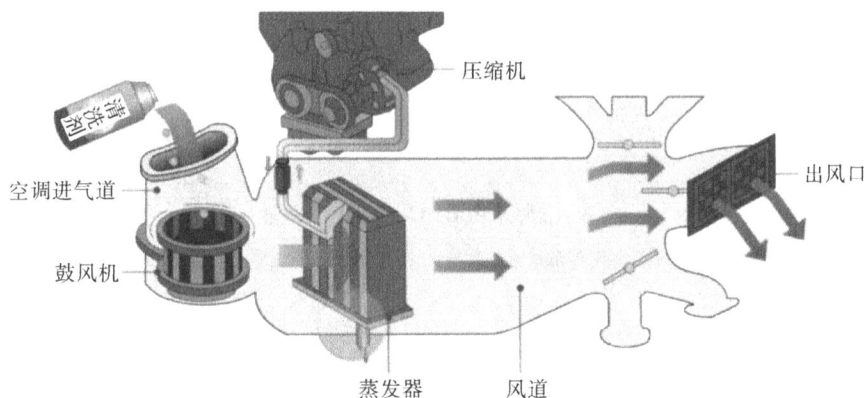

图 5 - 22　汽车空调免拆卸清洗的工作原理

◉ 5.3 任务实施 汽车空调管路的清洁

5.3.1 任务准备

准备实训车辆、三件套、汽车雾化喷枪、汽车空调清洗剂、工具套件、手套,实训相关车辆维修保养手册及使用手册。

5.3.2 操作步骤

在对汽车空调系统进行检查时,应将汽车停放在清洁、通风良好、防潮和远离火源的场地,并安装车轮挡块,全程操作须戴上手套。汽车空调管路清洁的操作步骤如表5-1所示。

表5-1 汽车空调管路清洁的操作步骤

步骤	工作内容	注意事项
1	铺设车外三件套,车内四件套,戴上防护用品,手刹拉紧,变速器换挡杆处于P挡位置	确保车辆处于安全操作状态
2	拆掉空调过滤器,关闭车辆所有门窗	—
3	启动发动机并使之怠速运转,开启空调并将通风模式开关置于外循环位置,将温度调至最低,将鼓风机风速调至最高	—
4	将汽车雾化喷枪放置在汽车空调进风口附近,喷头对准进风口,使喷入的清洗剂雾气被吸入进气管道	喷口与进气口保持一定距离,避免被吸入
5	保持空调运行10 min左右,空调送风管道内的污物,会随着清洗剂从位于汽车底盘处的蒸发器排水管排出车外	观察有无液体从底盘下排出
6	打开车辆门窗,将清理干净后的空调过滤器装回原位或更换新的空调过滤器滤芯	检查空调过滤器滤芯是否需要更换
7	将车辆恢复原状,清洁场地,做到企业6S管理	—

思考与练习

1. 选择题

(1)用普通温度计测出的空气温度,称为(　　)。

A. 空气温度　　　　　B. 露点温度　　　　　C. 干球温度　　　　　D. 湿球温度

(2)在没有达到饱和湿度的空气中,下列说法正确的是(　　)。

A. 干球温度<露点温度<湿球温度　　　　　B. 露点温度<湿球温度<干球温度

C. 湿球温度<露点温度<干球温度　　　　　D. 干球温度<湿球温度<露点温度

(3)只能在液体或气体之间进行热传递是(　　)。

A. 热的传导　　　　　B. 热的对流　　　　　C. 热的辐射　　　　　D. B、C 都是

(4)汽车空调的通风方法有(　　)。

A. 自然通风　　　　　B. 强制通风　　　　　C. 顶面通风法　　　　　D. A、B 都是

(5)下列零部件属于空调通风系统的是(　　)。

A. 鼓风机开关　　　　　B. 空调开关　　　　　C. 鼓风机　　　　　D. 电磁离合器

(6)下列(　　)是属于按暖气设备使用热源分类的。

A. 余热式、独立式　　　　　　　　　　B. 内循环式、外循环式

C. 内外混合循环式　　　　　　　　　　D. 余热式、气暖式

(7)下列(　　)不是汽车空调配气系统的主要的组成部分。

A. 空气进气阶段　　　B. 空气混合阶段　　　C. 空气分配阶段　　　D. 空气加热阶段

(8)车内空气相对湿度一般保持在(　　)。

A. 25%　　　　　　　B. 90%　　　　　　　C. 40%　　　　　　　D. 50%～70%

(9)汽车空调风管道系统需要定期进行消毒清洁,至少(　　)一次。

A. 半年　　　　　　　B. 一年　　　　　　　C. 三个月　　　　　　D. 两年

(10)下面关于空气滤清器的陈述中哪个是正确的?(　　)

A. 当空调滤清器变脏并堵塞时,吸入空气很难,空调效果变差

B. 没有专用工具,空调滤清器不能拆除

C. 如果定期清理,空调滤清器不需要更换

D. 空调滤清器安装在空气出口附近

2. 判断题

(1)当空气达到饱和湿度时,干球温度、湿球温度、露点温度完全相等。　　　　　　　(　　　)

(2)测量湿球温度时,空气流速应小于 2.5 m/s。　　　　　　　　　　　　　　　　(　　　)

(3)相对湿度越小,表明湿空气的干燥程度越低。　　　　　　　　　　　　　　　　(　　　)

(4)空调采暖系统的热源来自于发动机的冷却水或排气。 （　）

(5)余热水暖式空调系统利用发动机废气余热作为热源。 （　）

(6)鼓风机的作用是将蒸发器周围的冷风吹入车内,达到降温的目的。 （　）

(7)室外循环,有利于改善室内空气质量,因此应始终开启外循环。 （　）

(8)暖风装置除供给车内取暖外,还具有对车窗玻璃除霜的作用。 （　）

(9)混合气风门的主要作用是调节出风口的温度。 （　）

(10)汽车通风有两种方法,一种是顶面通风法,另一种是压力吸气法。 （　）

3.问答简述题

(1)配气系统一般由几部分构成？其各自的组成及作用分别是什么？

(2)空气净化的作用是什么？

(3)汽车空调强制通风系统由哪些部件组成？各个风门起何作用？

汽车手动空调控制系统检修

▶ 6.1 教学目标

知识目标

(1)掌握空调控制系统各部件的名称、作用及安装位置。

(2)掌握汽车空调电路图识读方法。

(3)掌握用万用表对空调控制电路图进行测试的方法。

能力目标

(1)能够根据空调控制电路图拆画出单项控制电路图。

(2)能够利用万用表选用正确测试参数对控制电路进行测试。

(3)能够根据诊断结果及控制系统测试参数对空调控制系统故障进行分析。

素质目标

(1)具有合作精神和协作精神。

(2)掌握用电的安全措施。

(3)养成爱护车辆、爱护工具的习惯。

案例导入

现代汽车对空调系统的要求是运行可靠、安全舒适、操作简便、高效节能,而系统的自动控制和安全保护是确保汽车空调正常运行所必需的功能,因此,无论是操作简单的手动空调还是功能齐全的自动空调,都设置了相应的控制电路与保护装置,如图 6-1 所示,以实现空调运行所必需的自动控制与安全保护功能,确保空调系统能正常工作。当空调系统出现问题时,除了检查制冷系统压力外,对于制冷系统压力异常,以及压力正常情况下的空调问题还应检查空调控制系统是否存在故障。

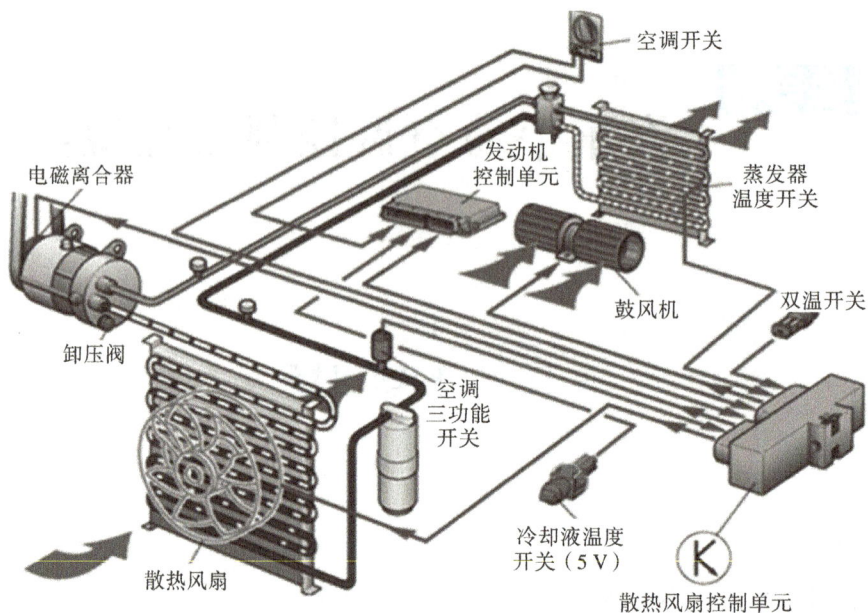

图 6-1 手动空调控制系统

▶ 6.2 知识链接

6.2.1 汽车空调的控制方式

汽车空调系统的操控包括制冷和暖风系统的开关控制、空气循环方式选择、送风温度和风速的调节、送风方式的调节等,空调系统操控有手动、半自动、全自动控制等方式,图 6-2(a)所示为手动空调控制面板,图 6-2(b)所示为自动空调控制面板。

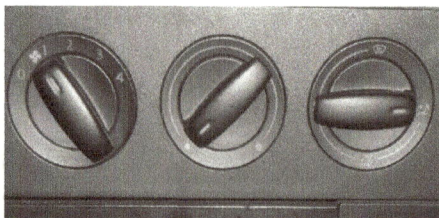

（a）手动空调控制面板　　　　　　　　（b）自动空调控制面板

图 6-2 空调控制面板

6.2.2　手动汽车空调常用电气控制器件

这里以大众捷达和桑塔纳轿车为例,分析空调控制元件的组成和作用。

汽车空调系统配置有压缩机、冷凝器、膨胀阀、蒸发器、鼓风机等主要部件,汽车空调电路的任务便是对上述配置的工况进行调节和控制。

空调控制系统由电磁离合器、压力开关、温度控制开关、空调控制器和控制开关等组成。图6-2所示为捷达手动空调控制系统组成。

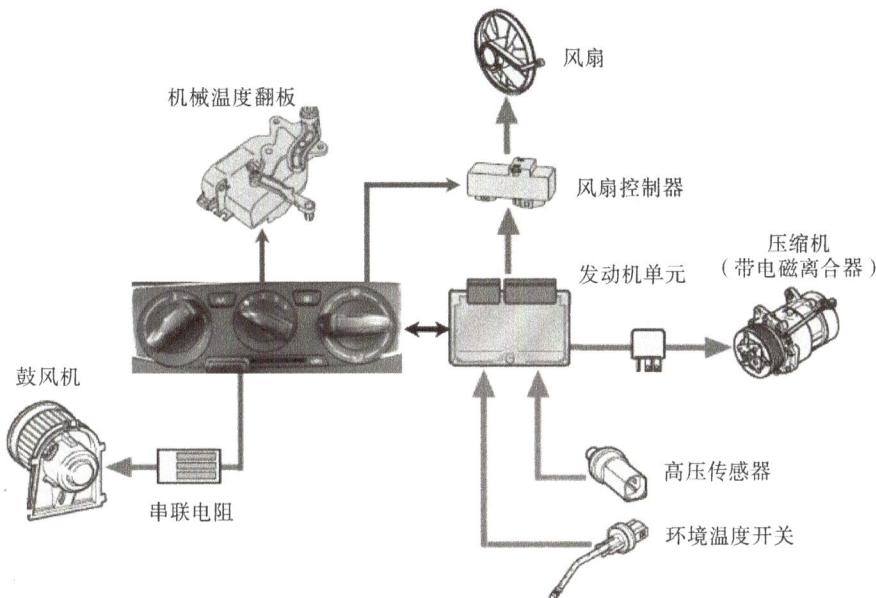

空调控制
系统组成

图6-3　捷达手动空调控制系统组成

1.电磁离合器(N25)

在电磁离合器控制的制冷系统中,电磁离合器通常安装在压缩机前端,用来控制压缩机的停机、开机,它是制冷自动控制系统的执行部件,受温度控制开关、空调控制器和A/C控制开关等控制,如图6-4所示,大众系列车型电磁离合器代号为N25。

电磁离合
器的功用

电磁离合器主要由弹簧板、皮带轮、压缩机输入轴、电磁线圈、压缩机壳体等组成,如图6-5所示,电磁线圈固定在压缩机前缸盖上,皮带轮通过压缩机输入轴和卡环保持在电磁线圈上。衔铁和弹簧板连为一体,而弹簧板上的轴套套装在压缩机主轴的键上。皮带轮为电磁离合器的主动部分,衔铁和弹簧板则为从动部分。当电磁线圈断电时,没有磁力作用,衔铁与皮带轮分开,皮带轮在压缩机输入轴上自由转动,压缩机不工作;当电磁线圈通电时,磁场吸引衔铁,使弹簧板压紧皮带轮,使其与皮带轮接

电磁离合
器的结构

合,皮带轮通过衔铁、弹簧板驱动压缩机主轴转动,压缩机开始工作。空调压缩机电磁离合器压板与皮带轮之间的间隙一般为 0.5～1.0 mm。

图 6-4　电磁离合器

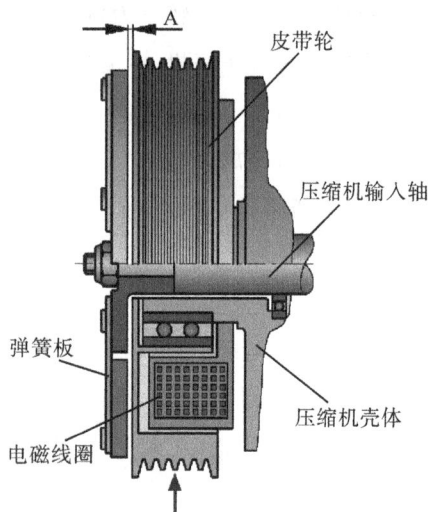

图 6-5　电磁离合器组成

2.制冷剂压力开关

压力开关属于保护元件,为了监控或限制封闭的制冷系统回路中的压力,通过对电磁离合器电路和冷凝器散热风扇电路的控制,来实现压缩机停、开或风扇高、低速运转,从而防止系统因压力和温度过高或过低而损坏。压力开关可根据压力的变化开闭触点,故又称压力继电器。

1)压力开关的分类

(1)高压压力开关。高压压力开关安装在压缩机至冷凝器的管路上,用于防止系统压力过高,当因冷凝器散热不良、高热堵塞和风扇损坏等,导致冷凝压力过高时,开关自动切断电磁离合器电路,使压缩机停止工作;或接通散热风扇高速挡电路,自动提高风扇转速,以降低冷凝温度和压力。

(2)低压压力开关。轿车制冷系统中的低压压力开关通常设在高压回路中,其主要功用是防止压缩机在缺少制冷剂的情况下空转,以免压缩机因缺乏润滑油而损坏。此外,低压压力开关也可防止在过低的环境温度下,因制冷系统工作而造成蒸发器表面结冰和增加功耗。

(3)高低压开关(F129)。新型的空调制冷系统是把高、低压压力开关组合成一体,成为双重压力开关。它安装在储液干燥器上面,如图 6-6 所示,这样就减少了压力开关的数量和接口,从而减少了制冷剂泄漏的可能性,大

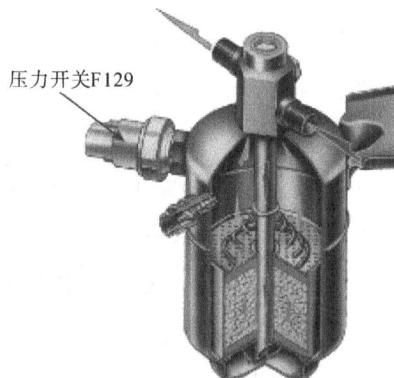

图 6-6　高低压开关安装位置

众系列车型高低压开关代号为 F129,高低压开关可以接收制冷剂高压回路的压力信号,低压开关是一个常闭开关,高压开关是常开开关。其作用是防止汽车空调在使用过程中,当出现散热片堵塞、风扇不转动或制冷剂加注过量等不正常状况时,系统压力异常升高,发生压缩机损坏、管道破裂等故障。

2)压力开关的功能

(1)高压保护。当系统压力表压≥3.2 MPa 时,通过控制器切断空调压缩机的电磁离合器;当压力降低到 2.4 MPa 时,压缩机重新接通。

(2)低压保护。当系统压力表压≤0.2 MPa 时,通过控制器切断空调压缩机的电磁离合器;当压力升到 2.4 MPa 时,压缩机重新接通。

(3)高压调整。当系统压力表压≥1.6 MPa 时,散热风扇开始在 2 挡工作,以此加强冷凝器的换热能力和水箱的换热能力;在压力降低到 1.25 MPa 时,风扇又回到 1 挡工作,如表 6-1 所示。

空调压力开关

表 6-1　压力开关性质

压力	开关值	开关动作	作用
高压	压力≥3.2 MPa	电路断开(关)	压缩机停转
中压	压力≥1.6 MPa	电路接通(开)	散热风扇高速运转
	压力≤1.25 MPa	电路又断开(关)	散热风扇回到低速运转
低压	压力≤0.2 MPa	电路断开(关)	压缩机停转

3.高压传感器(G65)

高压传感器安装在高压侧,2005 年以后的空调控制系统中,已取代高低压开关 F129。高压传感器记录制冷剂压力并将其转化成电信号,防止压力过高或过低而对压缩机造成损坏,对制冷系统起到保护作用。如果系统内的压力超过或低于规定值,高压传感器就会检测制冷剂管路内的压力,并向空调控制器发送电信号,当高压传感器检测到高压侧的压力高于某个值或低于某个值时,控制并停止压缩机工作。高压传感器除用于压力控制外,还作为冷却扇的控制信号,当检测到制冷剂压力高于某个值时,控制冷凝器散热风扇将高速运转,高压传感器如图 6-7 所示,大众系列车型高压传感器代号为 G65。

图 6-7　高压传感器

4.空调控制器(J293)

空调控制器是控制压缩机的电磁离合器的电路,当空调系统正常,空调开关接通压缩机控制电路时,空调控制器接收到来自汽车发动机控制电路的信号,从而通过空调控制器接通电磁离合器电路,使空调压缩机的电磁离合器接合,空调系统开始运转。当发动机水温过高或发动机负荷突然变大时,发动机电控单元发出切断空调压缩机系统的控制指令,空调控制器切断空调压缩机电磁离合器控制电路,空调系统退出工作。空调控制器如图 6-8 所示,大众系列车型空调控制器代号为 J293。

散热风扇
控制单元

图 6-8　空调控制器

5.环境温度开关(F38)

环境温度开关如图 6-9 所示,其主要作用是检测外界环境温度,在过低的环境温度下,开空调压缩机显然是浪费。为防止误操作,有些空调制冷系统中,设有环境温度开关,环境温度开关是一种电气开关,因环境温度的改变可断开或闭合,串联于压缩机控制电路中,从而控制压缩机停、开。环境温度开关是常闭开关,当外界环境温度低于 5 ℃时断开,此时,即便是打开鼓风机开关和空调开关,压缩机电磁离合器也不会接合,即压缩机不工作。

捷达环境温度开关安装在流水槽内、雨刷电机附近。

图 6-9　环境温度开关

6. 空调开关(E35)

空调开关又称为 A/C 开关,如图 6-10 所示,串联在空调压缩机控制电路中,驾驶员通过打开和关闭 A/C 空调开关,人为地接通和切断压缩机电路。在冬天,应将 A/C 开关关掉,以免在使用暖风时压缩机运转,造成额外的燃油消耗;在进行除雾操作时,应打开 A/C 开关,利用压缩机的除湿作用,加速除雾过程。

图 6-10　空调开关

7. 双温开关(F18)

双温开关又称水温开关,装在发动机水箱或冷却水管路中,用以感应发动机冷却液温度,以防止发动机水温过热。当水温超过某一规定值时,开关断路使空调压缩机停止工作;当水温降至某一值时,开关又自动接通,空调压缩机重新工作。

8. 温度控制器(E33)

温度控制器又叫恒温器、除霜开关、温控开关等,在大众车系的手动空调系统中,称其为冷量开关 E33,是汽车空调电路控制系统中用作温度控制的一种基础元件,在上海大众桑塔纳空调电控中安装有冷量开关,在捷达 2005 型空调控制系统中冷量开关已被取消。

温度控制器一般安装在蒸发器组件或靠近蒸发器组件的空调操作面板上,如图 6-10 所示。它主要有两种形式:机械式和电子式。温度控制器通过感测蒸发器的表面温度,将温度变化信号转化成空调控制电路的通断信号,以实现压缩机的循环通断控制。温度控制器在设置好的温度上使压缩机离合器接合或断开,起到调节车内温度的作用,如图 6-11 所示。温度控制器工作示意图如图 6-12 所示。

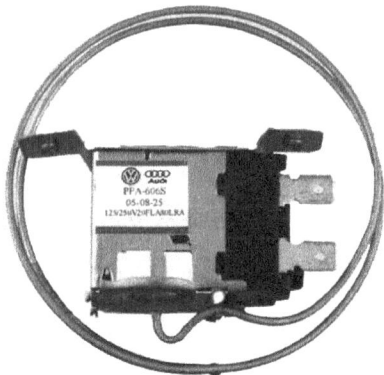

图 6-11　温度控制器

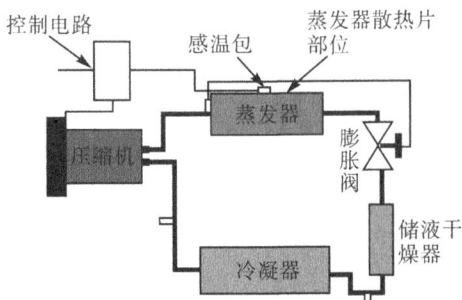

图 6-12　温度控制器工作示意图

当蒸发器表面温度低于 1 ℃时,开关断开,切断压缩机电磁离合器控制电路,使制冷系统停止工作,防止蒸发器表面由于温度过低而结霜并堵塞通风系统。一般情况下,除霜开关始终将蒸发器表面工作温度控制在 1 ℃左右,可以防止蒸发器结霜和避免压缩机产生液击现象等。采用变排压缩机的轿车此开关已被取消。

蒸发器温度传感器

6.2.3 电磁离合器控制电路检查和分析

由于轿车的空调压缩机是由发动机直接驱动的,所以当电磁离合器吸合后压缩机才会随之运转输出动力,而电磁离合器的吸合,必需使它的线圈通电,产生电磁吸力,使动力压板吸合在带轮上,再通过带轮来带动压缩机运转,电磁离合器的吸合与断开受鼓风机开关、空调开关、环境温度开关、空调控制器等元器件控制。

1.空调压缩机电磁离合器控制元器件

下面以捷达手动空调控制系统分析空调电磁离合器的控制电路,如图 6-13 所示,空调压缩机的电磁离合器主要受空调开关、高压传感器、空调控制器、鼓风机开关、环境温度开关等一系列开关控制。

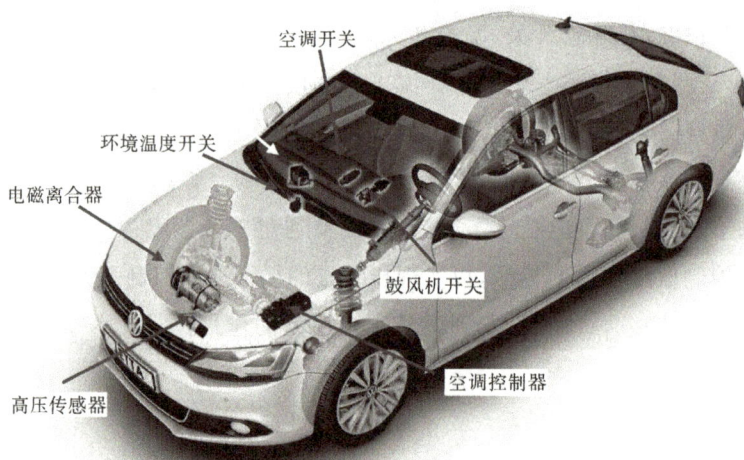

图 6-13 空调压缩机电路控制元件

(1)环境温度开关 F38:当外界温度低于 5 ℃时,压缩机不工作 。

(2)高压传感器 G65:当空调系统压力超过某一规定时,切断压缩机电磁离合器的电源,压缩机停止工作,减小发动机的额外负荷,高压传感器安装在空调系统高压管路上。

(3)空调控制器 J293:空调控制器接收电磁离合器的控制信号,从而控制接通或断开电磁离合器供电电路,控制空调制冷系统的运转。

2.电磁离合器控制电路的电流方向

捷达 2005 型空调控制电路如图 6 - 14、图 6 - 15 所示。

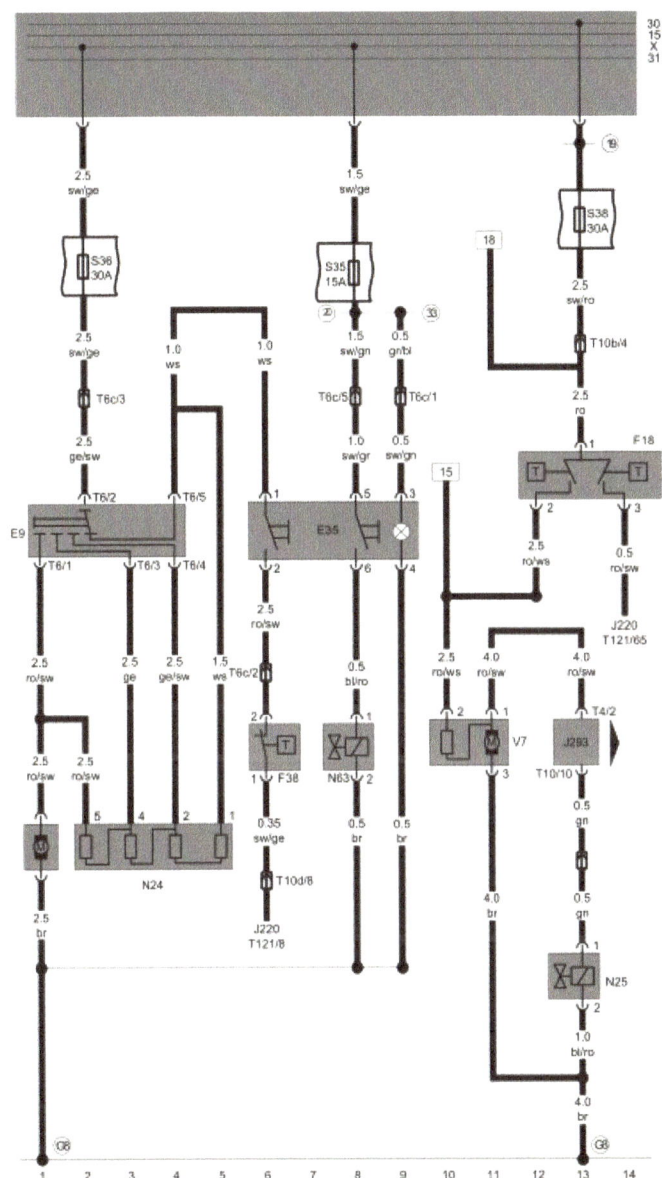

w s＝白色
s w＝黑色
r o＝红色
b r＝棕色
g n＝绿色
b l＝蓝色
g r＝灰色
l i＝紫色
g e＝黄色

E9—鼓风机开关
E35—空调开关
N24—调速电阻
N25—电磁离合器
N83—空调内循环风扇
F18—双温开关
V7—散热风扇
J293—空调控制器
J220—发动机控制单元
F38—环境温度开关

⑲—螺栓连接（30），继电器支架上
㉝—正极连接，仪表照明线束中
○G8—接地线，左前翼子板（A柱下）
⑳—线束连接，车身线束内
T10b—10孔棕色插头，继电器支架上
T10d—10孔红色插头，继电器支架上
T8c—8孔棕色插头，继电器支架上

图 6 - 14 捷达 2005 型空调控制电路 1

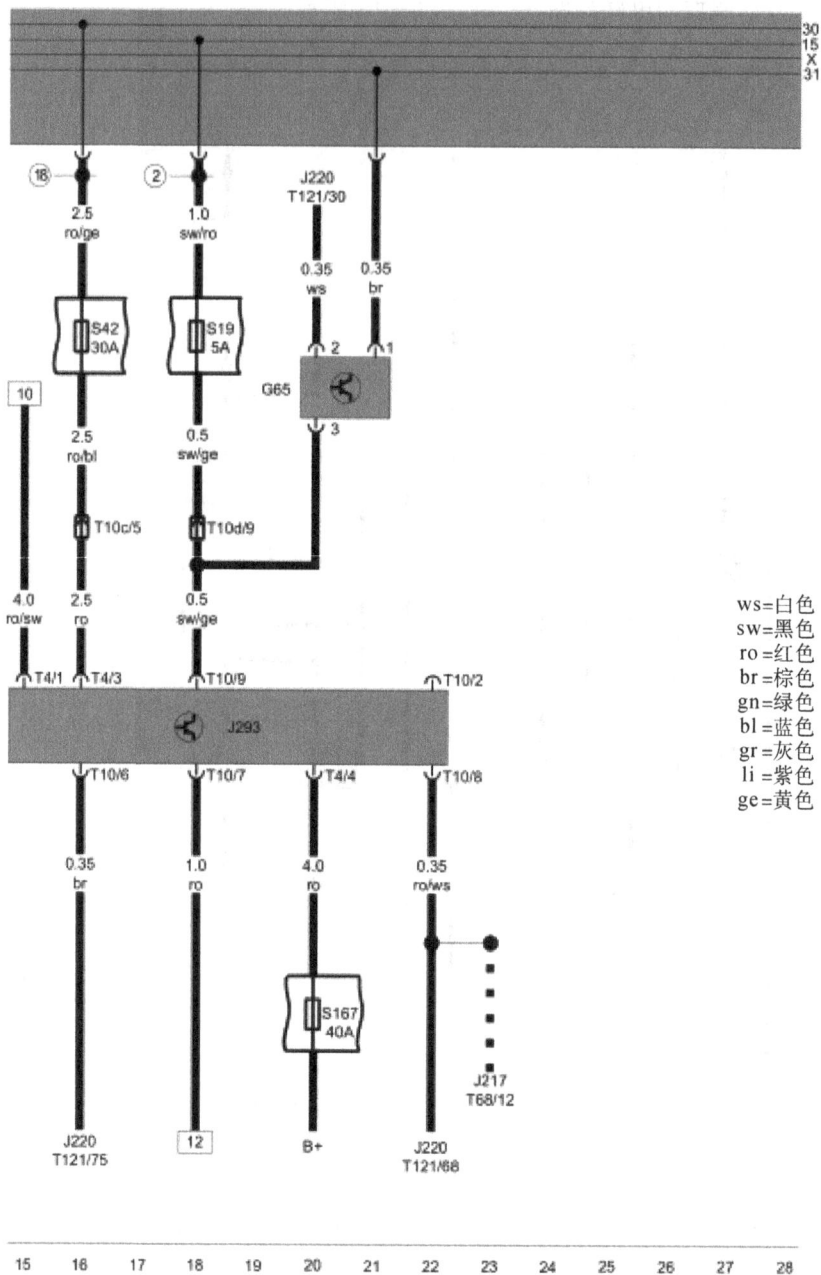

ws=白色
sw=黑色
ro=红色
br=棕色
gn=绿色
bl=蓝色
gr=灰色
li=紫色
ge=黄色

G85—高压传感器　　　　　　　　T10c—10孔黑色插头，继电器支架上
J293—空调控制器　　　　　　　　T10d—10孔红色插头，继电器支架上
J220—发动机控制单元　　　　　　②—正极连接（15），车身线束内
J217—自动变速箱控制单元　　　　⑱—正极连接,仪表照明线束中
T6c—6孔棕色插头,继电器支架上

图 6-15　捷达 2005 型空调控制电路 2

电磁离合器的控制电路：

X→保险 S36→鼓风机开关 E9 的 2 号针脚→鼓风机开关 E9 的 5 号针脚→空调开关 E35 的 1 号针脚→空调开关 E35 的 2 号针脚→环境温度开关 F38→发动机控制单元 J220 的 T121/8 号针脚→发动机控制单元 J220 的 T121/68 号针脚→空调控制器 J293 的 T10/8 号针脚。

15→保险 S19→高压传感器 G65 的 3 号针脚→高压传感器 G65 的 2 号针脚→发动机控制单元 J220 的 T121/8 号针脚→发动机控制单元 J220 的 T121/68 号针脚→空调控制器 J293 的 T10/8 号针脚。

电磁离合器的供电电路：

30→保险 S42→空调控制器 J293 的 T4/3 号针脚→空调控制器 J293 的 T10/10 号针脚→电磁离合器 N25→搭铁 G8。

3.控制元件的相互关系及电流方向

根据控制电路电流走向和控制元器件之间的关系,电磁离合器控制元器件之间的相互关系和电路连接示意图如图 6-16 所示。

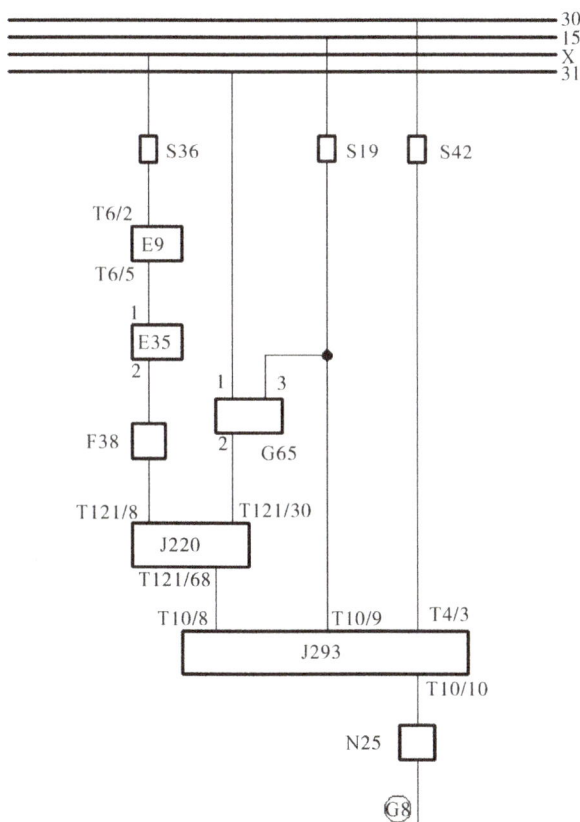

图 6-16 电磁离合器控制元器件之间的相互关系和电路连接示意图

4.可能的故障点分析

电磁离合器电路可能的故障点列表如表 6-2 所示。

表 6-2　电磁离合器电路可能的故障点列表

序号	可能的故障点	序号	可能的故障点
1	保险 S36、S42 及插座	6	空调控制器 J293 及插座
2	鼓风机开关 E9 及插座	7	所有连接线路
3	空调开关 E35 及插座	8	电磁离合器线圈 N25 及插座
4	环境温度开关 F38 及插座	9	搭铁 G8
5	高压传感器及插座		

5.分析故障流程

对空调控制电路检修时要熟悉电路的控制原理,考虑到先易后难,先外后里,一般先检查元器件外观,再对元器件和电路进行检测,先检测方便检测的电路,再检测不方便检测的电路。捷达 2005 型空调电磁离合器检测流程图如图 6-17 所示。

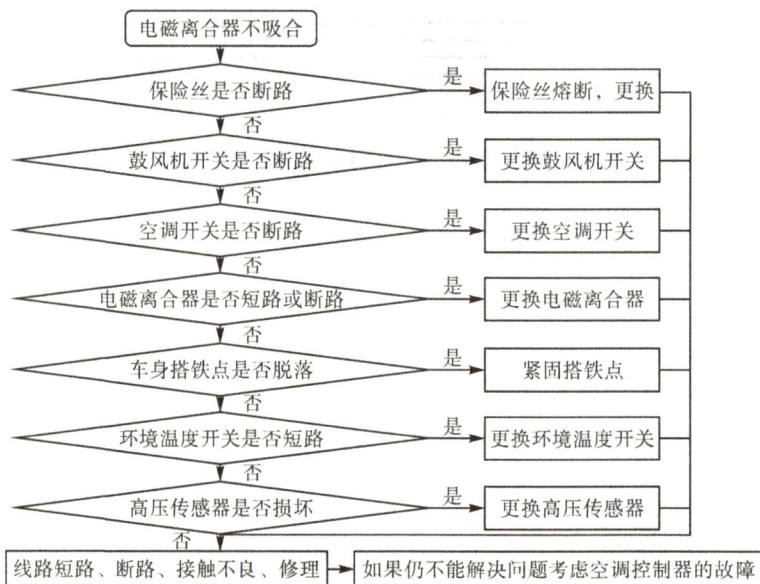

图 6-17　捷达 2005 型空调电磁离合器检测流程图

6.2.4　散热风扇电路检查和分析

散热风扇是发动机冷却系统的主要组成部分之一,主要作用是给发动机冷却液进行降温。与此同时,散热风扇还兼顾到给空调系统冷凝器降温的作用。因此,散热风扇除了受到发动机冷却液双温开关的控制之外,还受到压力传感器的控制。

散热风扇

1.散热风扇电路控制元件

散热风扇电路控制元件的分布如图 6 - 18 所示。

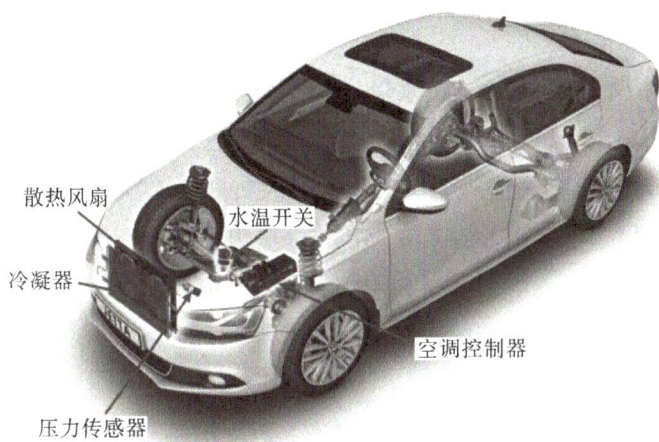

图 6 - 18 散热风扇电路控制元件

(1)高压传感器 G65。作用:检测空调制冷系统高压侧的压力。当高压侧压力达到一定值时开关闭合,接通空调控制器的电路,高压传感器安装在制冷管路的高压侧,如图6-19所示。

图 6 - 19 高压传感器的安装位置

(2)空调控制器。空调控制器除了控制电磁离合器之外,还对散热风扇进行控制,当电磁离合器吸合之后,空调控制器便接通散热风扇开始低速运转;当制冷系统压力偏高或发动机冷却水温偏高时,空调控制器控制散热风扇开始高速运转。

(3)双温开关 F18。双温开关感应发动机冷却液水温,以防止发动机水温过热,双温开关可以在两个温度下工作。当水温在 95 ℃以下且未开空调时,散热风扇 V7 不工作;若空调开关 E35 接通,则散热风扇低速运转;若未开空调,但水温超过 95 ℃,散热风扇低速运转;当水温超过 105 ℃时,散热风扇高速运转。

2.散热风扇打开条件

(1)由双温开关 F18 控制,当发动机水温达到 95 ℃时,散热风扇开始低速运转,水温达到 105 ℃时开始高速运转。

(2)由空调控制系统控制,当空调开关 E35 和鼓风机开关 E9 打开后,散热风扇 V7 接通开始低速运转;当空调系统内压力达到 1.6 MPa 时,压力传感器触发信号接通散热风扇高速运转。

3.散热风扇低速运转电流流向

电路参见图 6-14、6-15。

(1)散热风扇低速运转控制信号电路

X→保险 S36→鼓风机开关 E9 的 2 号针脚→鼓风机开关 E9 的 5 号针脚→空调开关 E35 的 1 号针脚→空调开关 E35 的 2 号针脚→环境温度开关 F38→发动机控制单元 J220 的 T121/8 号针脚→发动机控制单元 J220 的 T121/68 号针脚→空调控制器 J293 的 T10/8 号针脚。

(2)散热风扇低速运转的供电电路

30→保险 S42→空调控制器 J293 的 T4/3 号针脚→空调控制器 J293 的 T4/1 号针脚→散热风扇 V7 的 2 号针脚→搭铁 G8。

X→保险 S38→双温开关 F18 的 1 号针脚→双温开关 F18 的 2 号针脚→散热风扇 V7 的 2 号针脚→搭铁 G8。

(3)散热风扇高速运转控制信号电路

30→保险 S38→双温开关 F18 的 1 号针脚→双温开关 F18 的 3 号针脚→发动机控制单元 J220 的 T121/65 号针脚→发动机控制单元 J220 的 T121/75 号针脚→空调控制器 J293 的 T10/6 针脚。

15→保险 S19→高压传感器 G65 的 3 号针脚→高压传感器 G65 的 2 号针脚→发动机控制单元 J220 的 T121/30 号针脚→发动机控制单元 J220 的 T121/75 号针脚→空调控制器 J293 的 T10/6 号针脚。

(4)散热风扇高速运转的供电电路

30→保险 S42→空调控制器 J293 的 T4/3 号针脚→空调控制器 J293 的 T4/2 号针脚→散热风扇 V7 的 1 号针脚→搭铁 G8。

4.散热风扇控制元件的相互关系及电流方向

根据控制电路电流走向和控制元器件之间的关系,散热风扇控制元器件之间的相互关系和电路连接示意图如图 6-20 所示。

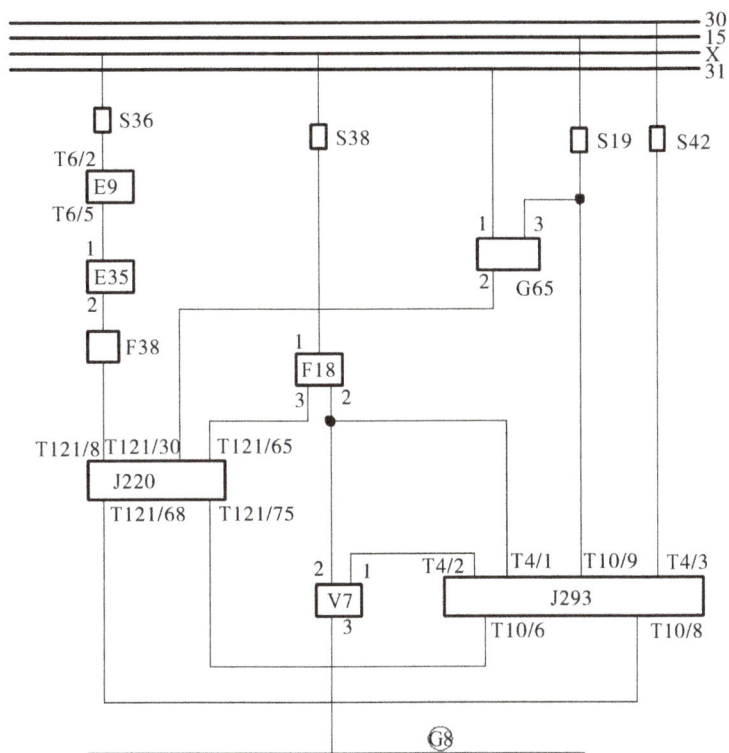

图 6 - 20 散热风扇元器件之间的相互关系和电路连接示意图

5.分析可能的故障点

散热风扇电路可能的故障点列表如表 6 - 3 所示。

表 6 - 3 散热风扇电路可能的故障点列表

序号	可能的故障点	序号	可能的故障点
1	保险 S36、S38、S42 和 S19 及插座	6	双温开关 F18 及插座
2	鼓风机开关 E9 及插座	7	散热风扇 V7 及插座
3	空调开关 E35 及插座	8	所有连接线路
4	高压传感器 G65 及插座	9	搭铁 G8
5	空调控制器 J293 及插座		

6.分析故障流程

捷达 2005 型散热风扇检测流程如图 6 - 21 所示。

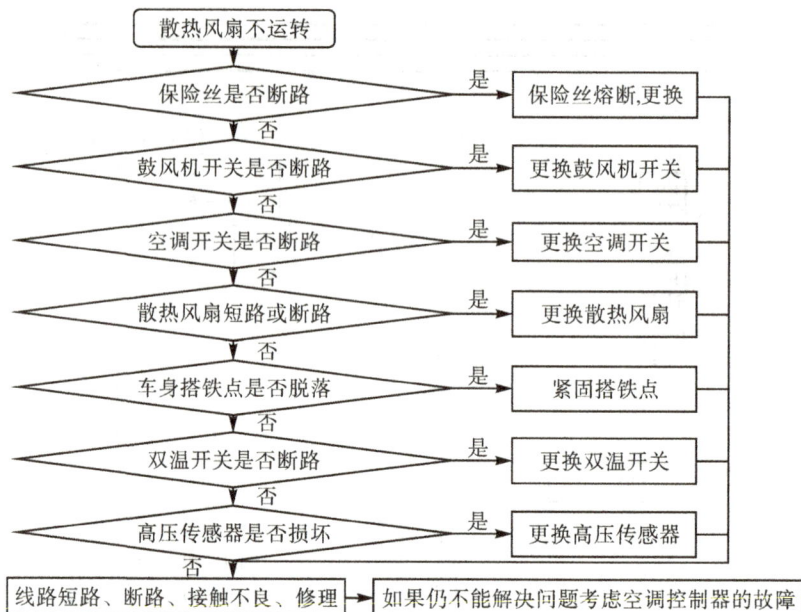

图 6-21　捷达 2005 型散热风扇检测流程图

6.2.5　鼓风机控制电路检查和分析

鼓风机的主要作用是将驾驶室内或驾驶室外的空气引入空调通风系统中。鼓风机安装在通风系统内部,受鼓风机开关控制,并且为了能够实现出风口风速和出风量的调节,在鼓风机电路中还安装有鼓风机电阻,以实现鼓风机不同转速的调节,同时还可以进行空气内外循环的控制。鼓风机控制电路元器件的分布如图 6-22 所示。

图 6-22　鼓风机控制电路元器件的分布

1. 鼓风机电路控制元器件

(1)鼓风机。鼓风机是强制将车外空气送入车内进行通风换气的设备,通常采用离心式鼓风机,通过鼓风机电阻来控制鼓风机的转速,以控制送风速度。鼓风机外形如图6-23所示。

安装位置:副驾驶室的中控台下方。

(2)鼓风机开关E9。鼓风机开关如图6-24所示,一般鼓风机开关都设有4个挡位,挡位越高,鼓风机的转速越大,出风口的风速也就越大。但也有的鼓风机开关无固定挡位,采用滑动电阻的形式控制鼓风机转速。

鼓风机开关

(3)鼓风机电阻N24。鼓风机电阻串联在电路中控制鼓风机的转速大小,捷达的鼓风机电阻安装在鼓风机附近。也有的鼓风机电阻与鼓风机开关集成在一起,安装在鼓风机控制面板后方,如图6-25所示。

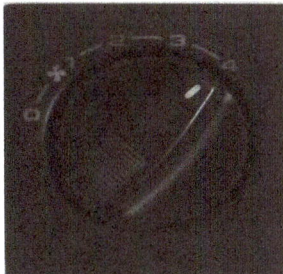

图6-23 鼓风机   图6-24 鼓风机开关   图6-25 鼓风机电阻

2. 鼓风机控制电路

鼓风机控制电路参考图6-15、6-16,来自蓄电池X的电流通过E9开关,接通鼓风机电阻N24,鼓风机开关处于1位置时,至鼓风机电机的电流须经过4个电阻,由于经过电机的电流较小,鼓风机以低速运行;开关调至2位置时,至电动机的电流须经过2个电阻,鼓风机按中低速运转;开关调至3位置时,至电动机的电流只经过1个电阻,鼓风机按中高速运转;选定最大挡位时,鼓风机电路不串联任何电阻,电源电压直接加至电动机,鼓风机以最高速度运转。

鼓风机速度控制

3. 分析可能的故障点

鼓风机控制电路可能的故障点列表如表6-4所示。

表6-4 鼓风机控制电路可能的故障点列表

序号	可能的故障点	序号	可能的故障点
1	保险S36及插座	4	鼓风机电机及连接线
2	鼓风机开关E9及插座	5	所有连接线路
3	调速电阻N24	6	搭铁G8

4.分析故障流程

捷达2005型鼓风机检测流程如图6-26所示。

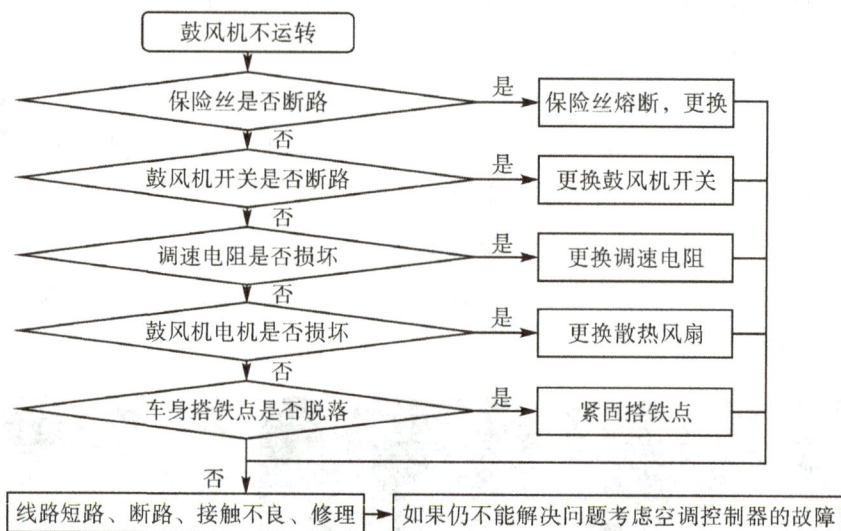

图 6-26　捷达2005型空调鼓风机检测流程图

▶ 6.3　任务实施　汽车手动空调控制系统检修

6.3.1　任务准备

准备实训车辆、实验台架、三件套、万用表、手套、实训相关车辆空调电路图。

6.3.2　操作步骤

1.捷达2005型电磁离合器控制电路检修步骤和项目

(1)铺设三件套,铺设翼子板布。

(2)验证故障现象。启动发动机,打开鼓风机,若鼓风机运转后,按下A/C开关,A/C开关指示灯不亮,并且电磁离合器不吸合,鼓风机吹出的风是热风,说明空调系统出现故障。按下A/C开关和打开鼓风机,若散热风扇不转,说明空调系统出现故障。

(3)A/C开关及相关线路的检查。

①检测S35、S36、S42、S19电阻,检测其电阻值,正常进行下一步。

②空调A/C开关检查。打开点火开关,打开鼓风机开关,鼓风机工作后,使用万用表20 V电压挡测量E35的3号针脚电压是否正常,正常则检查E35的6号针脚电压是否正常。使用

万用表 20 V 电压挡测量 E35 空调控制开关的 1 号针脚电压是否正常,正常则检测 E35 的 1 号针脚和 2 号针脚之间的电压是否正常。

(4)温度开关的检查。检查 F38 环境温度开关的好坏,当环境温度大于 5 ℃时,使用万用表 200 Ω 电阻挡测量环境温度开关两个针脚的电阻大小,正常值应小于 0.5 Ω,检测 F38 的 1 号针脚至 J220 的 T121/8 针脚、J220 的 T121/68 针脚和 J291 的 T10/8 针脚之间电阻,若为正常则进行下一步。

(5)空调控制器 J293 的检查。

①打开点火开关,使用万用表 20 V 电压挡分别测量 T10/7、T4/3、T10/9、T4/4 针脚的对地电压,正常值应为 12 V 左右。

②启动车辆,打开空调开关,使用万用表 20 V 电压挡测量 T10/8 针脚与蓄电池正极的电压,正常值约为 12 V。

③使用万用表 20 V 电压挡,检查 N25 电磁离合器的 1 号和 2 号针脚间的电压,使用万用表 200 Ω 电阻挡检查 2 号针脚与搭铁点之间的电阻值,正常值应小于 0.5 Ω。使用万用表 200 Ω 电阻挡检查风扇控制单元的 T10/10 针脚与电磁离合器的 1 号针脚之间线束的电阻值,正常值应小于 0.5 Ω。

(6)鼓风机及其线路检查。

①使用万用表电阻挡测量鼓风机自身电阻值,正常值约为 0.4 Ω,若电阻值不正常,则应更换鼓风机。

②打开点火开关,打开鼓风机开关至最大挡,使用万用表 20 V 电压挡测量鼓风机插接器两个针脚之间的电压值,正常值应为 12 V。

③使用万用表电阻挡测量鼓风机电阻 1 号和 5 号针脚之间的电阻值,正常值应为 3 Ω,如果阻值超出范围,则更换鼓风机电阻。

④将鼓风机开关置于 1 挡,使用万用表电阻挡分别测量鼓风机开关的 T6/2 号和 T6/5 号针脚之间的电阻值;将鼓风机开关置于 2 挡,使用万用表电阻挡分别测量鼓风机开关的 T6/2 号和 T6/4 号针脚之间的电阻值;将鼓风机开关置于 3 挡,使用万用表电阻挡分别测量鼓风机开关的 T6/2 号和 T6/3 号针脚之间的电阻值;将鼓风机开关置于 4 挡,使用万用表电阻挡分别测量鼓风机开关的 2 号和 1 号针脚之间的电阻值。以上阻值正常情况下均应小于 0.5 Ω。

⑤打开点火开关,使用万用表 20 V 电压挡测量鼓风机开关 T6/2 号针脚电压是否为 12 V,如果不是,则说明鼓风机开关插接器 2 号针脚到 S36 处线束有断路的地方,应检查此段线束。

⑥将测量参数按照表格要求记录下来。

2.捷达 2005 型散热风扇控制电路检修步骤和项目

(1)铺设三件套,铺设翼子板布。

(2)电阻丝的检查。用万用表检查散热风扇控制单元的电阻丝 S35、S36、S42、S19,检测其电阻值,若为正常则进行下一步。

(3)散热风扇及搭铁点的检查。

①使用万用表 200 Ω 电阻挡测量风扇插接器 1 号和 3 号端子之间的电阻,正常值应为 0.3 Ω;测量风扇插接器 2 号和 3 号端子之间的电阻,正常值应为 0.5 Ω。

②使用万用表测量散热风扇 3 号端子和搭铁点是否导通。

③打开空调开关,使用万用表 20 V 电压挡测量散热风扇插接器 2 号和 3 号端子之间的电压。

(4)散热风扇控制单元检查。打开点火开关,使用万用表 20 V 电压挡分别测量 T10/7、T4/3、T10/9 针脚的对地电压,正常情况下应为 12 V 左右。

(5)散热风扇控制单元线路检查。

①使用万用表电阻挡检查散热风扇控制单元 T4/1 号针脚与散热风扇 1 号针脚的电阻值,正常情况下应小于 1 Ω,检查散热风扇控制单元 T4/2 与散热风扇 2 号针脚的电阻值,正常情况下应小于 1 Ω。

②启动车辆,打开空调开关,使用万用表 20 V 电压挡测量 T10/8 针脚与蓄电池正极之间的电压,如果电压不正常,则使用万用表电阻挡检查散热风扇控制单元 T10/8 针脚与发动机控制单元的 T121/68 针脚之间线束的电阻值,正常情况下应小于 0.5 Ω。如果阻值正常,则说明发动机控制单元损坏,如果阻值过大,则检查线束。

(6)将测量参数按照表格要求记录下来。

6.3.3 实施记录

电磁离合器及鼓风机电路检查结果记录表如表 6-5 所示。

表 6－5 电磁离合器及鼓风机电路检查结果记录表

		S35	S36	S42	S19	
电磁离合器检查	电阻丝	正常□ 熔断□	正常□ 熔断□	正常□ 熔断□	正常□ 熔断□	
	空调开关	1号针脚电压	2号针脚电压	3号针脚电压	6号针脚电压	1号和2号针脚电压
		___ V	___ V	___ V	___ V	___ V
		正常□ 故障□	正常□ 故障□	正常□ 故障□	正常□ 故障□	正常□ 故障□
	环境温度开关	开关电阻	开关状态	线路通断		
		正常□ 故障□	正常□ 故障□	正常□ 故障□		
	散热风扇	线路通断	端子对地电压	T10/8针脚与蓄电池电压		
		正常□ 故障□	___ V	___ V		
	电磁离合器					
鼓风机电路检查	鼓风机开关	一挡	二挡	三挡	四挡	
	鼓风机电阻	正常□ 故障□	正常□ 故障□	正常□ 故障□	正常□ 故障□	
		1号至2号	1号至4号	1号至5号	是否损坏	
		___ Ω	___ Ω	___ Ω	是□ 否□	

散热风扇电路检查结果记录表如表 6-6 所示。

表 6-6　散热风扇电路检查结果记录表

		1 号与 3 号端子		2 号与 3 号端子	
冷凝器散热风扇检查	电阻检查	正常值	测量值	正常值	测量值
	控制线路检查	风扇插接器端子	1 号	2 号	3 号
		检测点	T4/1	风扇控制器 T4/2	搭铁点
		测量结果			
散热风扇控制电路检查	电阻丝检查	S35	S36	S42	S19
		正常□ 熔断□	正常□ 熔断□	正常□ 熔断□	正常□ 熔断□
	端子电压	T4/3	T4/4	T10/7	T10/9
		___ V	___ V	___ V	___ V
	线路检查	T10/8 号端子对正极电压		T10/8 号端子与发动机 T121/68 号端子之间的电阻	
		正常□　无电压　□		正常□　过大□　断路□	

思考与练习

1.选择题

(1)压力开关动作时,切断的电路是(　　),以防止制冷系统受到损坏。

A.鼓风机电路　　　　　　　　　B.电磁离合器电路

C.温度控制器电路　　　　　　　D.散热风扇电路

(2)(　　)控制压缩机的运转或停止。

A.带轮　　　　　B.传动带　　　　　C.电磁离合器　　　　　D.斜盘

(3)在 R134a 系统中高压侧压力≥(　　)MPa 时 ,压缩机电磁离合器脱开。

A. 2.3　　　　　B.2.5　　　　　C.3.14　　　　　D.4.13

(4)下列不影响电磁离合器工作的元件为(　　)。

A.环境温度开关　　B.鼓风机开关　　C.A/C 开关　　　　D.压力开关

(5)下列零部件属于空调通风系统的是(　　)。

A.鼓风机开关　　　B.空调开关　　　C.鼓风机　　　　　D.电磁离合器

(6)空调压缩机电磁离合器压板与皮带轮之间间隙一般为(　　)mm。

A.0.1～0.3　　　B.0.3～0.5　　　C. 0.5～1.0　　　D.1.0～1.5

(7)汽车空调系统中,冷凝器散热风扇调速是由(　　)控制的。

A.高压侧压力　　　　　　　　　B.高压侧温度

C.低压侧压力　　　　　　　　　D.低压侧温度

(8)鼓风机开关,通过控制(　　)的大小来改变鼓风机转速的大小。

A.电阻　　　　　B.电容　　　　　C.电压　　　　　D.电磁

(9)关于环境温度开关,说法正确的是(　　)。

A.常开开关,当环境温度低于 5 ℃时闭合

B.常闭开关,当环境温度低于 5 ℃时断开

C.常开开关,当环境温度高于 5 ℃时闭合

D.常闭开关,当环境温度高于 5 ℃时断开

(10)鼓风机电路主要由(　　)组成。

A.鼓风机开关　　　B.鼓风机电阻　　　C.鼓风机　　　　　D.以上都是

2.判断题

(1)压缩机的电磁离合器,是用来控制制冷剂流量的。　　　　　　　　　(　　)

(2)温度控制开关起调节车内温度,防止蒸发器因温度过低而结霜的作用。　(　　)

(3)电磁离合器的电磁线圈通电时,离合器接合,压缩机工作。 （　　）

(4)当检测到某个电器元件或某段导线的电阻值为∞(无穷大)时,则说明该用电器或导线出现断路故障。 （　　）

(5)散热风扇控制电路的主要作用是根据发动机水温、制冷系统内部工作压力等信号,控制散热风扇运转和运转速度。 （　　）

(6)无论什么情况下,只要打开空调开关,压缩机就能工作。 （　　）

(7)空调压缩机不工作的原因可能是低压开关接通。 （　　）

(8)外界温度传感器起调节车内温度,防止蒸发器因温度过低而结霜的作用。 （　　）

(9)鼓风机变阻器的作用实现无级调速。 （　　）

(10)万用表可以测量电流中的电流、电压、及用电器电阻。 （　　）

3. 问答简述题

(1)捷达 2005 型汽车空调控制电路包含哪些元器件?

(2)电磁离合器由什么组成?

(3)图 6 - 27～图 6 - 30 所示为桑塔纳 3000 空调电路图,试拆画电磁离合器和散热风扇电路控制电路图。

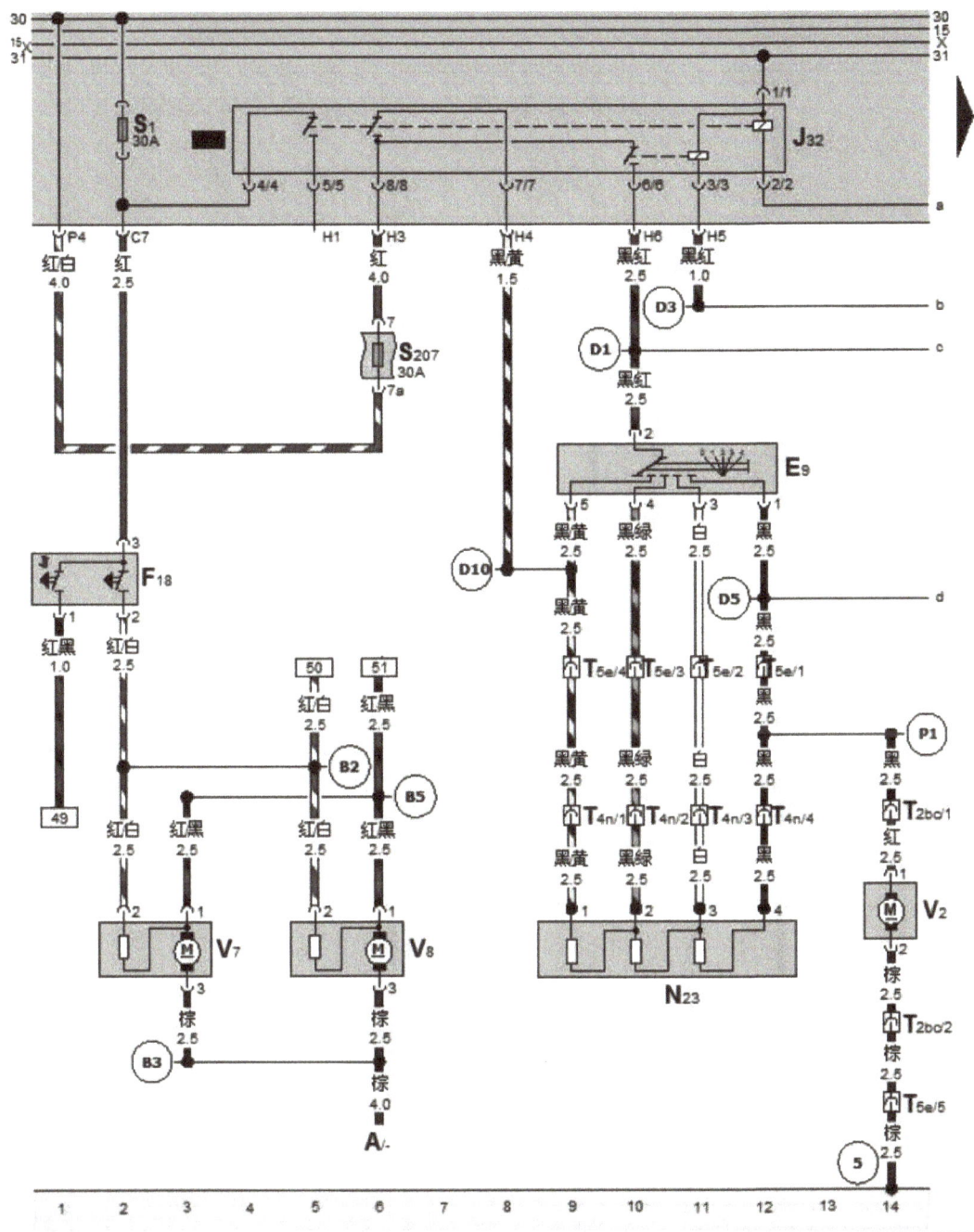

图 6-27　桑塔纳 3000 空调电路图 1

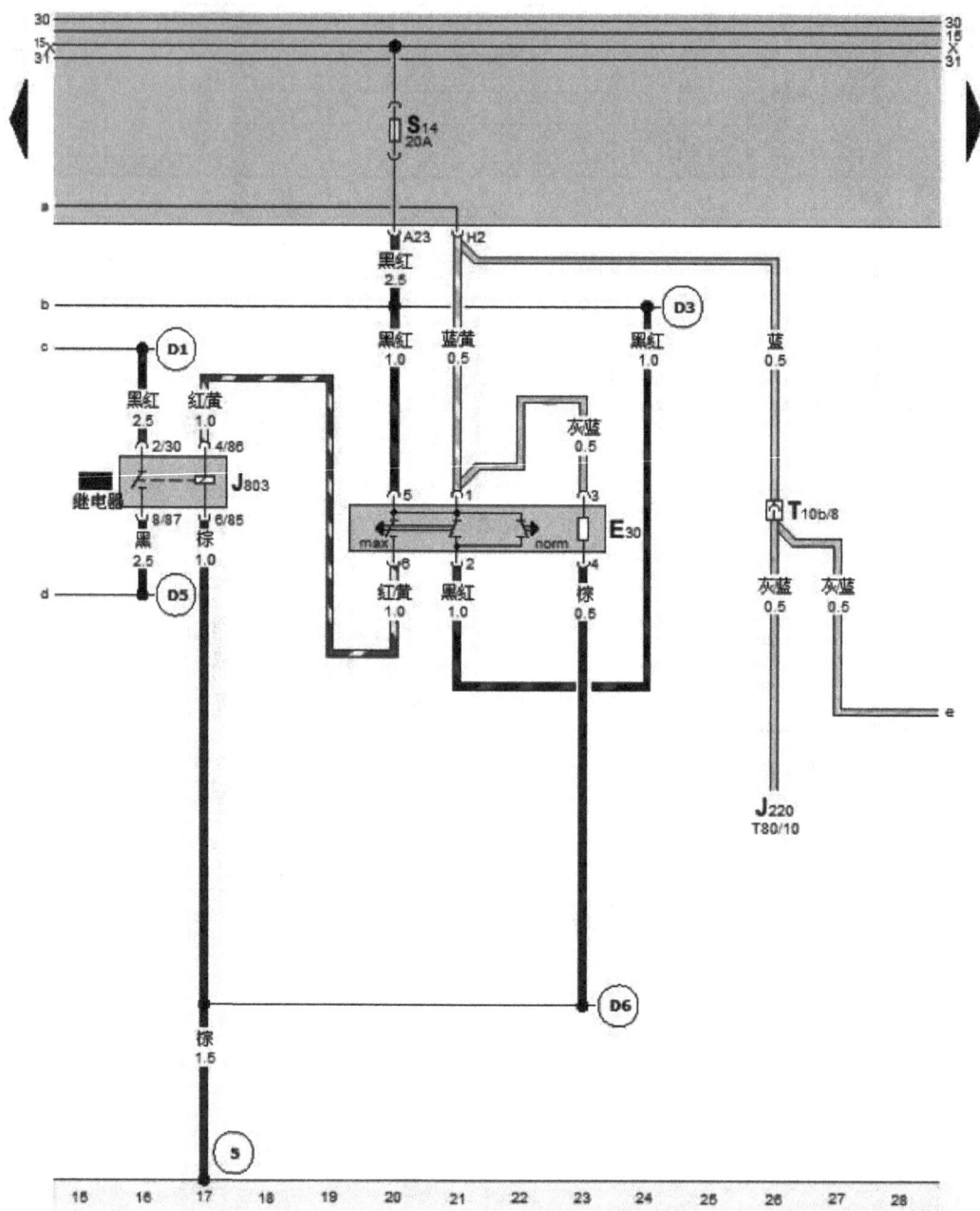

图 6 - 28　桑塔纳 3000 空调电路图 2

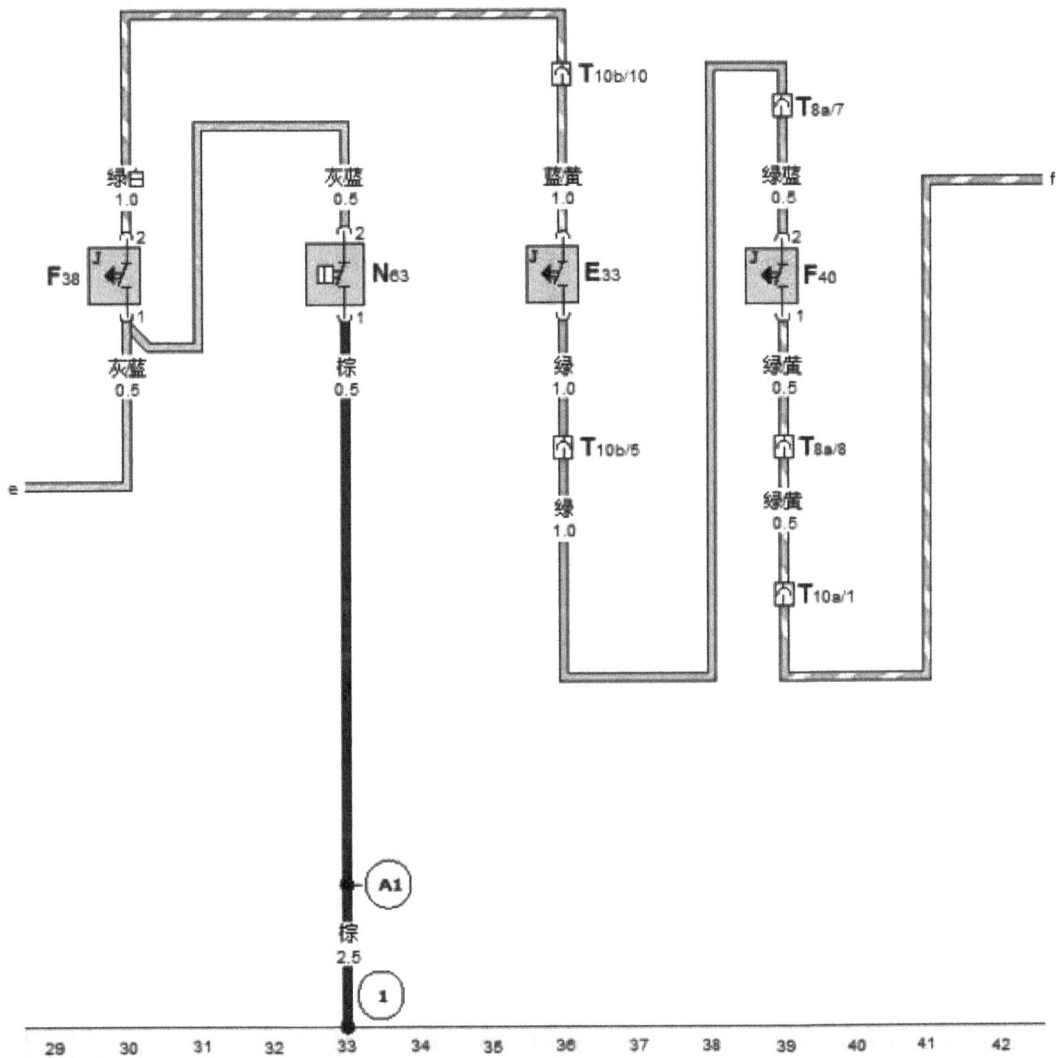

图 6 - 29 桑塔纳 3000 空调电路图 3

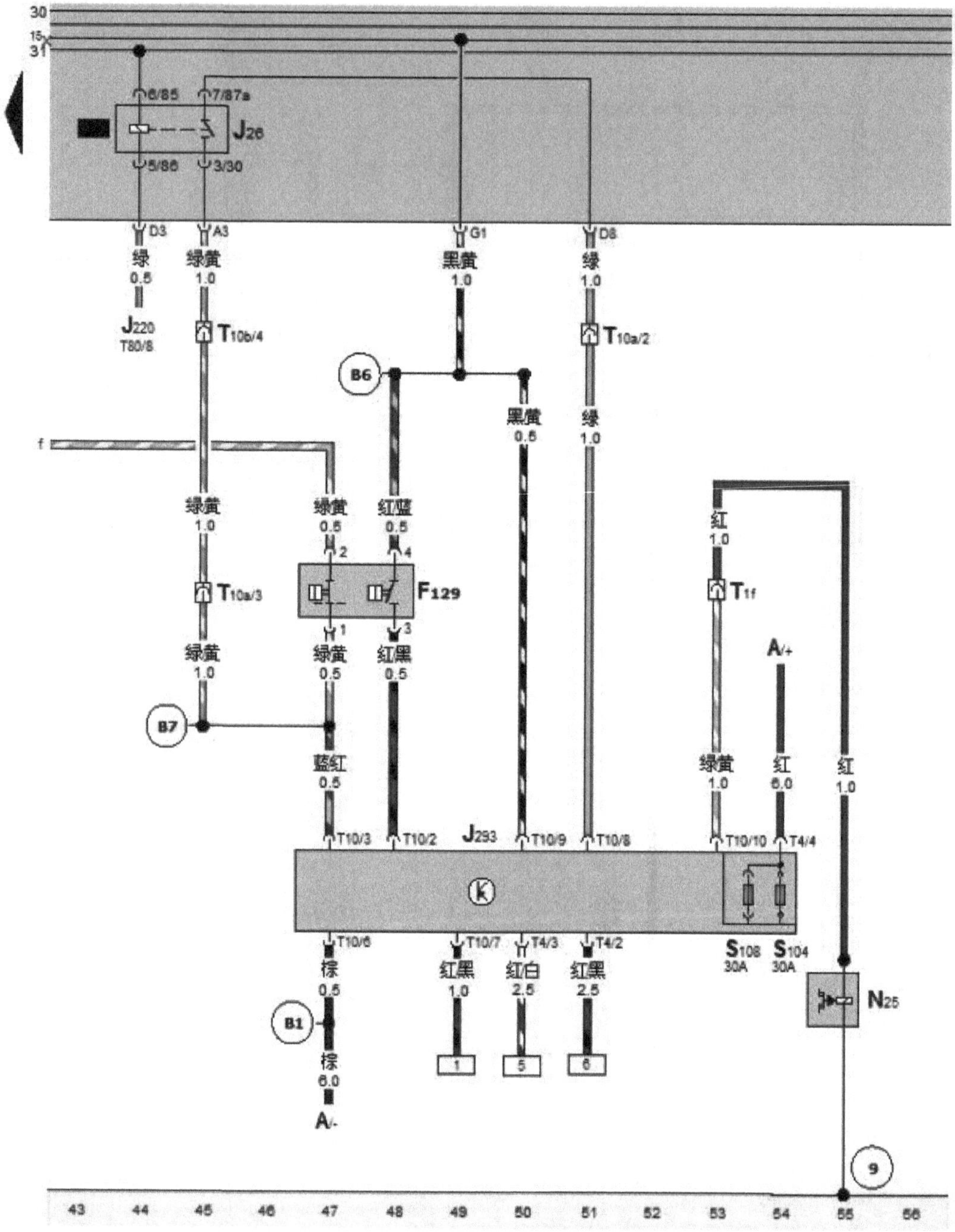

图 6-30　桑塔纳 3000 空调电路图 4

汽车自动空调的自诊断

▶ 7.1 教学目标

知识目标

(1)掌握自动空调系统的基本组成。

(2)掌握用诊断仪对汽车空调控制系统进行诊断的使用方法。

(3)了解诊断仪诊断数据流的的含义。

能力目标

(1)能够正确使用诊断仪。

(2)能够使用诊断仪读取数据流。

(3)能够根据自诊断结果对空调控制系统故障进行分析。

素质目标

(1)具有合作精神和协作精神。

(2)掌握用电的安全措施。

(3)养成爱护车辆、爱护工具的习惯。

案例导入

随着人们对汽车乘坐舒适度的要求越来越高,汽车空调在经历了多年的手动空调器发展后,现代很多车系都已经使用微电脑控制的自动空调,自动空调可根据汽车内外的各种温度(车内温度、车外环境温度、日照强度、空调蒸发器温度和发动机冷却水温度等)传感器的输出信号,由控制单元的平衡温度计算,对进气转换风门、送气转换风门、混合门、压缩机和鼓风机等进行自动控制,只要驾驶人选定好目标温度,并把功能控制开关调整到"自动"挡,则不管外界环境状况(气候)如何变化,自动空调系统都能

舒适自动
空调系统

为达到目标温度自动工作,使车厢内的温度、湿度等小气候保持在最佳状态。汽车自动空调控制面板如图7-1所示。

图7-1 汽车自动空调控制面板

▶ 7.2 知识链接

7.2.1 汽车自动空调的组成

自动空调控制系统主要由传感器、控制单元及执行器三大部分组成。驾驶员可通过控制面板的温度调节按钮设定所需的车内空气参数,空调控制单元(ECU)接收来自传感器和电子部件(信息转换器)的信息,将它们与控制单元中的理论值进行对比,并按其特征加以修正,然后控制单元输出信号,驱动相应的执行器,以使车内温度和舒适保持最佳,并将控制数据显示在面板上,因此自动空调控制系统也称恒温空调系统。宝来A4自动空调控制系统控制框图如图7-1所示。自动空调系统还具有故障自诊断功能,能随时监控自动空调系统的工作状况,便于故障的诊断与排除。目前新型乘用车多装备自动空调系统。

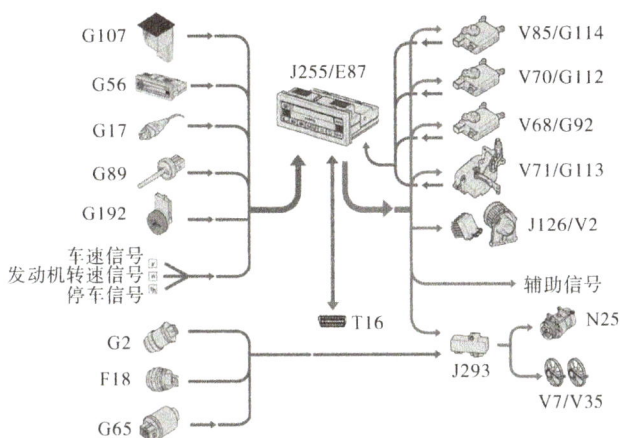

G107—阳光温度传感器；G56—车内温度传感器；G17—外界温度传感器；G89—新鲜空气进气道温度传感器；G192—脚部出风口温度传感器；G2—发动机水温传感器；F18—双温开关；G65—制冷系统压力传感器；V85/G114—脚部/除霜伺服电机及电位计；V70/G112—中央风门伺服电机及电位计；V68/G92—温度翻板伺服电机及电位计；V71/G113—循环风门伺服电机及电位计；N25—压缩机电磁离合器；V7/V35—散热风扇；J293—空调控制器；J255/E87—自动空调控制单元及显示单元；T16—自诊断接口。

图 7 - 2　宝来 A4 自动空调控制系统控制框图

7.2.2　自动空调控制系统传感器及安装位置

典型的自动空调控制系统的温度传感器主要包括车内温度传感器、外界温度传感器、新鲜空气进气道温度传感器、脚部出风口温度传感器、阳光辐射温度传感器、制冷系统压力传感器等，如图 7 - 3 所示。

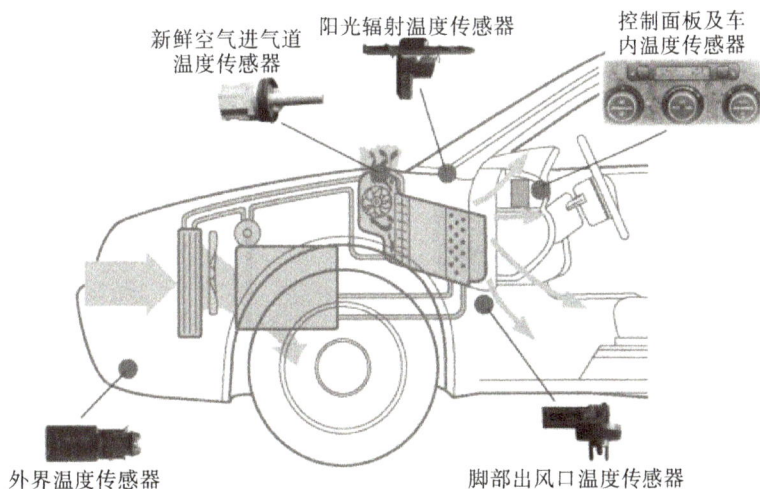

图 7 - 3　自动空调控制系统的温度传感器

ECU 根据控制仪表设定温度和车内温度传感器、外界温度传感器及阳光辐射温度传感器等信号,自动调节混合门的位置。

1. **车内温度传感器 G56**

车内温度传感器 G56 安装在仪表板下面空调控制器中,如图 7-3 所示,其作用是检测车内空气温度,ECU 根据此信号控制出风口空气温度、鼓风机转速、气流方式和进气模式等。空调制冷时,车内温度越高,混合门越向"冷"的方向移动,出风口的温度就越低,鼓风机的转速就越高,以达到快速降温的目的,在该信号失灵时,以假定值 24 ℃ 作为替代值,系统继续工作。

此温度传感器具有自诊断功能。

2. **外界温度传感器 G17**

外界温度传感器(见图 7-4)安装于汽车前端冷凝器总成的前方下部,如图 7-3 所示。该温度传感器感受的是真实的外界温度,ECU 根据此信号控制出风口空气温度、鼓风机转速、气流方式和进气模式等。在该温度传感器失灵时,采用在新鲜空气进口处的第 2 温度传感器 G89 的信号,当第 2 温度传感器也失灵时,则系统以假定的外界温度 10 ℃ 为依据继续工作,但此时系统不能在内循环状态下工作。外界温度传感器的电路图如图 7-5 所示。

此温度传感器具有自诊断功能。

图 7-4　外界温度传感器

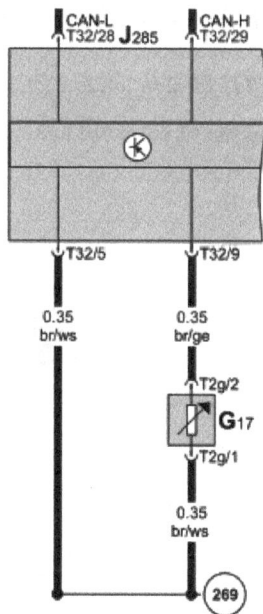

图 7-5　外界温度传感器的电路图

3.新鲜空气进气道温度传感器 G89

新鲜空气进气道温度传感器(见图 7-6)安装于空调器总成的新鲜空气进口处,见图 7-3。该温度传感器是外界温度的第 2 个测点,它是检测鼓风机进气口的空气温度,空调控制器可以根据室内温度及设定温度,自行调节进气风门的位置。在该温度传感器失灵时,采用在汽车前端冷凝器总成前方下部的第 1 温度传感器 G17 的信号,当两个温度传感器都失灵时,则系统以假定的外界温度 10 ℃ 为依据继续工作,但此时系统不能在内循环状态下工作,新鲜空气进气道温度传感器的电路图如图 7-7 所示。

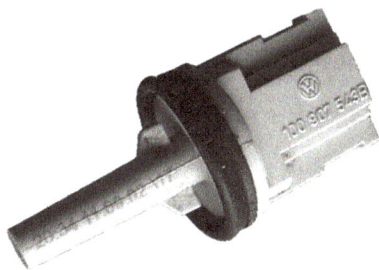

图 7-6 新鲜空气进气道温度传感器

此温度传感器具有自诊断功能。

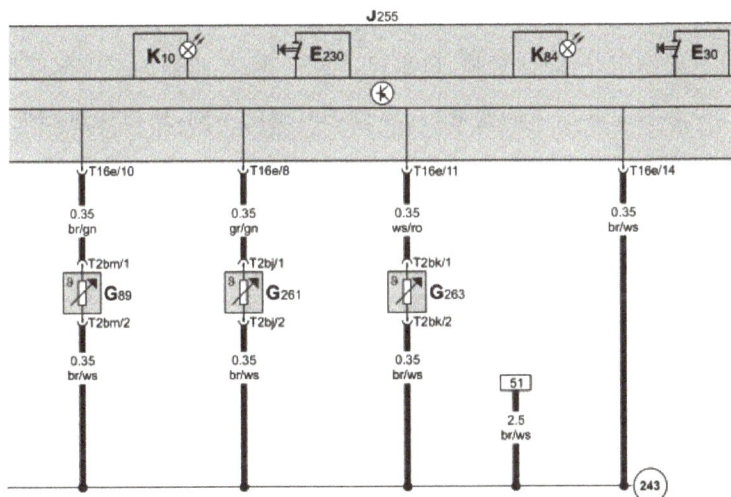

图 7-7 新鲜空气进气道温度传感器的电路图

4.脚部出风口温度传感器 G192

脚部出风口温度传感器(见图 7-8)安装在通风系统吹脚风道出风口位置,如图 7-3 所示。其主要作用是检测脚部出风口温度,用以控制脚部/除霜翻板位置。此温度传感器的信号在控制器中被作出判断,以此来控制除霜和吹脚的空气分配以及鼓风机的送风量。

如果此信号中断,则空调控制系统以恒温 30 ℃ 为信号值继续工作,保证空调系统的正常运行。

此温度传感器具有自诊断功能。

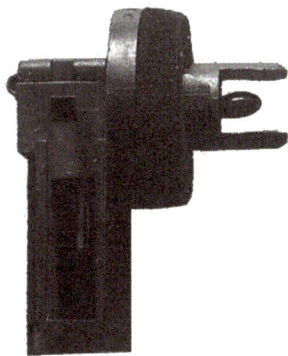

图 7-8 脚部出风口温度传感器

5. 阳光辐射温度传感器 G107

阳光辐射温度传感器(见图7-9)安装于仪表板上方风挡玻璃的下方,如图7-3所示,其主要作用是检测阳光照射强度,用以计算不同阳光强度对室内温度的影响;自动空调系统利用此信号,控制鼓风机转速及温度翻板的位置,从而对出风口温度进行修正,消除阳光辐射对驾驶室内温度的影响,保证室内温度始终接近设定温度值;此信号出现故障时,空调控制系统按一预先假定的固定值工作。在轿车中,根据空调装置的结构可选择一个宝来A4或两个奥迪A6分别用于左右两侧的阳光辐射温度传感器。阳光辐射温度传感器的电路图如图7-10所示。

图 7-9　阳光辐射温度传感器

6. 制冷系统压力传感器 G65

制冷系统压力传感器安装在高压侧,取代三功能开关;记录制冷剂压力并将其转化成电信号,可在临界压力下起作用,适应性更强,风扇换挡更平顺;传感器的感应部件是硅晶体,由于压力的不同,或多或少会引起硅晶体的变形,这导致了电阻的不同,所以通过微处理器传出的信号脉宽也不同,通过脉宽可以判断出系统的压力大小,同时可以知道空调系统的负荷的大小。压力传感器的电路图如图7-10所示。

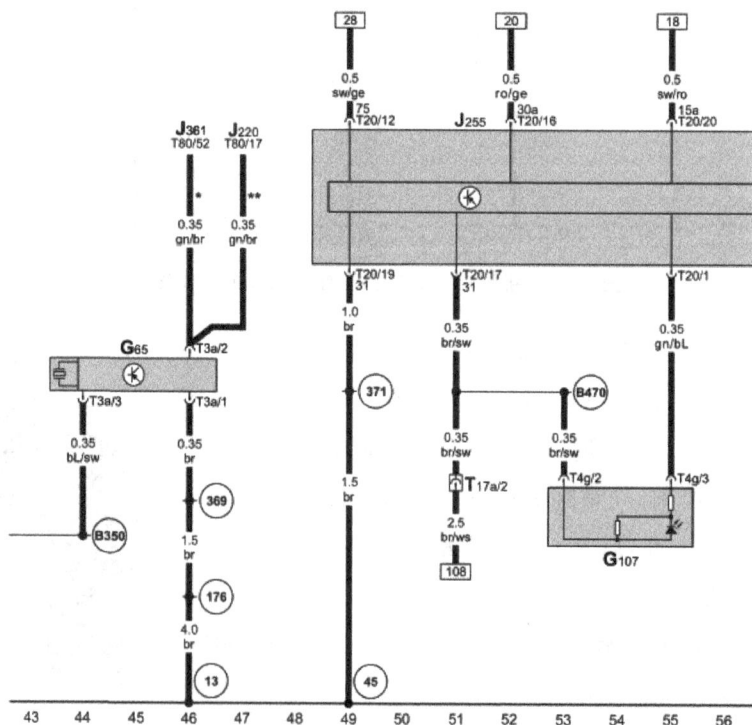

图 7-10　压力传感器、阳光辐射温度传感器的电路图

7.2.3　自动空调控制系统执行元件及功能

自动空调控制系统的执行元件一般包括伺服电机、鼓风机及压缩机电磁离合器等。

现代微型计算机自动空调的执行是通过电脑控制各个部件上的伺服电机,即通过操纵面板向电脑输入各种指令,电脑再根据从各个传感器收集来的信号,通过计算、分析、比较,发出指令,控制伺服电机动作,打开所需的风门,按照输入的预设温度,控制风门的位置,同时,伺服电机上的电位计还会将伺服电机的开启位置信号反馈给电脑,提高了伺服电机工作的可靠性。宝来轿车自动空调系统伺服电机的安装位置如图 7 - 11 所示。

空调伺
服电机

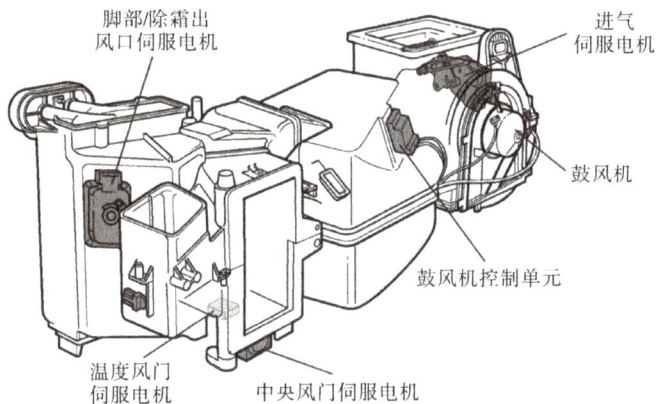

图 7 - 11　宝来轿车自动空调系统伺服电机的安装位置

1. 进气伺服电机

进气伺服电机控制进气方式,电机的转子经连杆与进气风挡相连,当驾驶员使用进气方式控制键选择"车外新鲜空气导入"或"车内空气循环"模式时,空调控制单元(ECU)控制进气伺服电机带动连杆顺时针或逆时针旋转,从而带动进气风挡闭合或开启,达到改变进气方式的目的。进气伺服电机的电路图如图 7 - 12 所示。

2. 温度风门伺服电机

温度风门伺服电机又称空气混合伺服电机,当驾驶员进行温度控制时,空调电控单元首先根据设置的温度及各传感器输送的信号,计算出所需的出风温度,并控制空气混合伺服电机连杆顺时针或逆时针转动,改变空气混合风挡的开启角度,进而改变冷、暖空气的混合比例,将风温调节至与计算值相符,电机内电位计的作用是向空调控制单元(ECU)输送空气混合风挡的位置信号。温度风门伺服电机的电路图如图 7 - 12 所示。

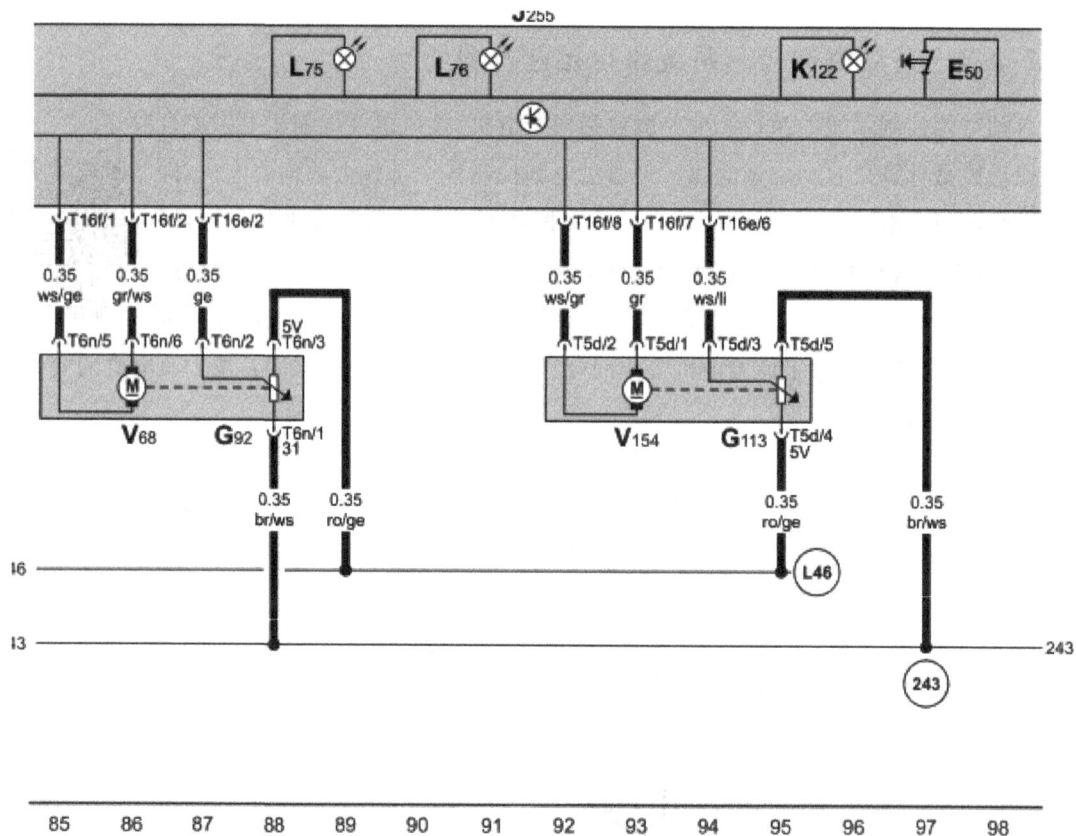

图7-12 进气伺服电机、温度风门伺服电机的电路图

3. 出风模式伺服电机

出风模式伺服电机也叫气流方式伺服电动机,包括脚部/除霜出风口伺服电机、中央风门伺服电机,当驾驶员操纵面板上的某个出风模式键时,电机内的驱动电路据此使电机连杆转动,将送风控制风挡转到相应的位置,打开某个送风通道。出风模式伺服电机的电路图如图7-13所示。

4. 空调电控单元

空调电控单元又称空调控制器,控制器总成上的键是控制器的输入装置,控制器首先接收来自车内温度和外界温度传感器的输入信号,然后根据来自传感器和控制器总成上各键的输入、输出,用于控制压缩机、电磁离合器、暖风加热器、热水阀等的工作状况,以及模式风门位置的信号。

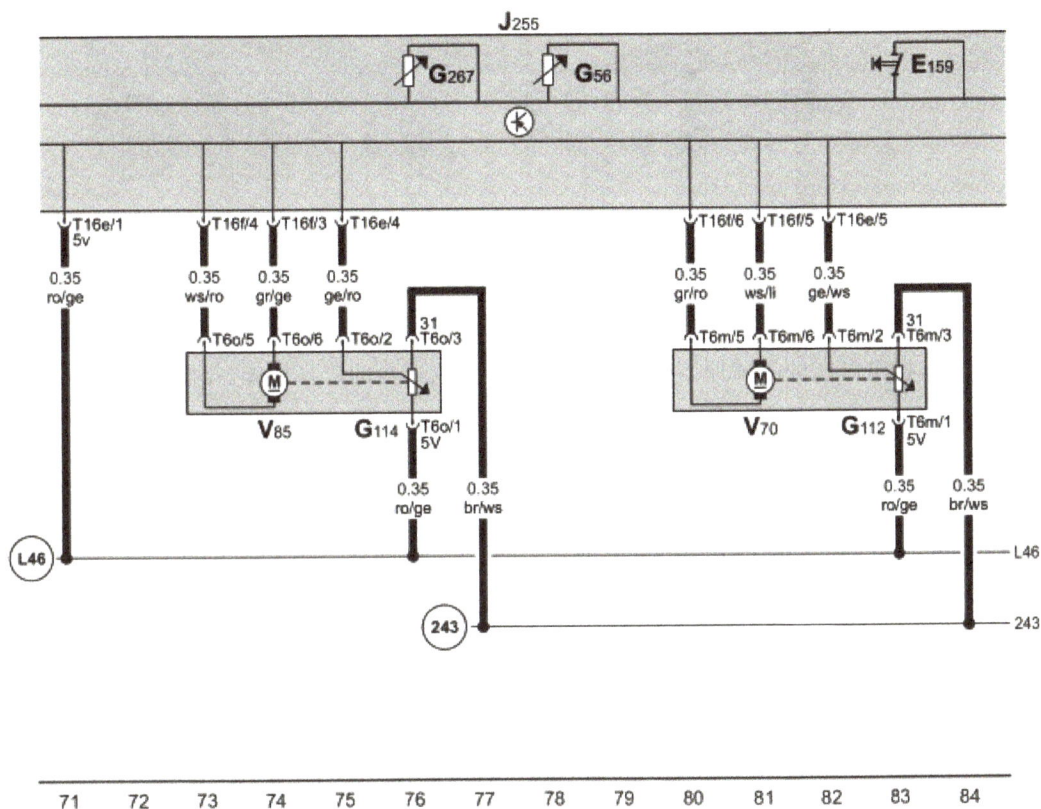

图 7 - 13　出风模式伺服电机的电路图

7.2.4　自动空调的自诊断

自动空调的控制单元从传感器得到信息,并将它们与控制单元中的理论值进行对比,然后控制单元输出信号,从而控制电器部件(终端控制)。

自动空调控制单元 J255 位于操作和显示单元 E87 之后,两个部件结为一体,不可分解,如图 7 - 14 所示。

自动空调控制单元的另一个重要功能是自诊断,为了能在某一部件失灵或者电路断开时很快地找出损坏的原因,控制单元上装有故障存储器,如果在受监控的传感器或部件上出现故障,它就会存储到故障存储器中,如果,所存储的某部件的故障对自动空调产生了持续的影响,控制单元 J255 的显示单元 E87 的显示器,在点火后大约闪光 15 s,如图 7 - 15 所示,在运转的情况下,无论出现什么故障,控制单元都可维持其在应急状态下运行。

图 7-14　自动空调控制单元与显示单元

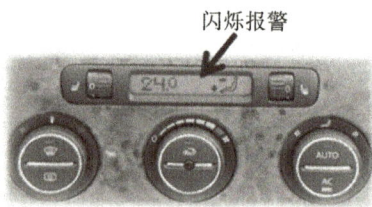

图 7-15　自动空调系统故障显示

在查找故障原因时,须打开自诊断系统,并用故障阅读诊断仪检读存储故障的信息,再通过查询故障表,找出可能的故障原因,以便对症下药,采取适当的修理措施,排除故障。

注意:空调系统的某些部件和功能不能被自诊断监测,例如,鼓风机温度传感器,当有特殊故障时,查询故障记忆,如果没有故障显示,进行相关的检查。

7.2.5　自动空调自诊断的方法

自动空调自诊断需要专用的诊断设备,俗称解码器,也称诊断仪。

自诊断测试时要保证:所有的保险丝全部正常;蓄电池的电压至少达到 9 V;蓄电池的负极连接牢靠。

诊断设备对空调系统进行诊断的功能有以下几种。

1. 读取、清除故障码

通过读取和清除故障存储器中的内容,可以帮助维修人员明确维修方向,快速对系统存在的问题进行修复。

以下是读取、清除故障码的具体操作步骤。

(1)在点火开关断开的情况下将故障阅读仪连接到诊断插座 T16 上,进入"自诊断"页面,如图 7-16 所示。

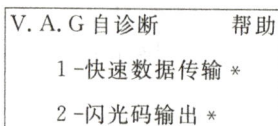

V.A.G 自诊断　　　帮助
1-快速数据传输 *
2-闪光码输出 *

图 7-16　"自诊断"显示页面

(2)打开点火开关,按键 1,进入"快速数据传输"的运行状态,如图 7-17 所示。

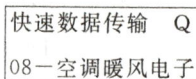

快速数据传输　　Q
08—空调暖风电子

图 7-17　"快速数据传输"显示页面

(3)用 Q 键确认输入,屏幕显示如图 7-18 所示。

快速数据传输 　Q
试验员发送地址码 08

图 7-18　确认输入后的屏幕显示

（4）之后显示的将是控制单元的识别号，如图 7-19 所示。

3B1　907　044A　Climatronic
SXX
编码 XXXXX　　　　　　WSC XXXXX

图 7-19　控制单元的识别号显示页面

（5）按"→"键，屏幕显示功能选择，可选功能一览表如表 7-1 所示。

表 7-1　可选功能一览表

代码	功能
01	查询控制单元类型并选择功能
02	查询故障代码
03	最终控制诊断
04	初始设置
05	清除故障代码
06	结束输出
07	控制单元编码
08	读取测量数据块

（6）用 02 选择功能"查询故障代码"，如图 7-20 所示。

快速数据传输 　Q
02—查询故障代码

图 7-20　"查询故障代码"显示页面

（7）用 Q 键确认输入，屏幕显示所存储的故障数，如"识别出 X 个故障"或显示"未发现任何故障"。

（8）如未发现故障，返回上一级，如发现故障，对故障码清除，按 0 和 5 键，用 05 选择"清除故障代码"的功能，如图 7-21 所示。

快速数据传输 　Q
05—清除故障代码

图 7-21　"清除故障代码"显示页面

(9)用 Q 确认输入,屏幕显示"故障代码已被清除",如图 7-22 所示。

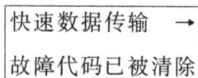

> 快速数据传输 →
>
> 故障代码已被清除

图 7-22 "故障代码已被清除"显示页面

(10)按"→"键,屏幕显示"选择功能",如图 7-23 所示。

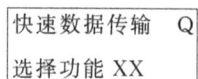

> 快速数据传输 Q
>
> 选择功能 XX

图 7-23 "选择功能"显示页面

(11)按 0 和 6 键,选择"结束输出"功能。屏幕显示如图 7-24 所示。

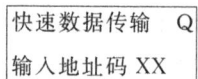

> 快速数据传输 Q
>
> 输入地址码 XX

图 7-24 结束输出后的屏幕显示

由控制单元 J255 识别的所有可能的故障,可以在诊断仪上显示和打印出来,故障代码以 5 位的识别数字列表并附加出故障类型,如果故障是偶然出现,在显示时这种故障就被标为"偶然出现的故障"("SP")。排除故障后,要先清除故障代码,并重新进行故障查询。如果查不出故障,那么就运用"最终控制诊断 03"或"读取测量数据块 08"两种功能。如果未发现故障,显示器在闪光,就须实施"控制单元编码 07"和"初始设置 04"两种功能。

2.最终控制诊断

进行最终控制诊断时系统将进行下列测试:在操作和显示单元 E87 的屏幕显示、4 个伺服电机的功能测试、测试通往新鲜空气鼓风机 V2 的电路、测试控制单元电磁离合器的开关过程、检验所有的传感器,这个过程必须在电机静止、点火打开、空调关闭的情形卜进行。

以下是最终控制诊断的具体操作步骤。

(1)将故障诊断仪连接到诊断插座 T16 上,输入地址码"08 空调暖风电子",继续进行操作,直到屏幕显示"选择功能"页面,如图 7-23 所示。

(2)用 03 选择功能"最终控制诊断",如图 7-25 所示。

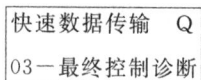

> 快速数据传输 Q
>
> 03—最终控制诊断

图 7-25 "最终控制诊断"显示页面

(3)用 Q 键确认输入,屏幕显示"自我检测",如图 7-26 所示。

> 最终控制诊断
>
> 自我检测

图 7-26 "自我检测"显示页面

(4)检测过程结束,如果屏幕显示"功能不详或目前不能进行",表明最终控制诊断结束。在最终控制诊断结束后查询故障代码。

3.基本设定

当自动空调系统更换控制单元或更换新的执行机构后,需要对系统进行基本设定,帮助控制单元识别执行器的最大和最小位置,以快速实现精准控制,基本设置完成后需查询并删除故障记忆。

以下是基本设定的具体操作步骤。

(1)故障诊断仪连接到诊断插座 T16 上,输入地址码"08 空调暖风电子",继续进行操作,直到屏幕显示"选择功能"页面,如图 7-23 所示。

(2)查询故障代码,排除故障并清除故障代码。检查编码,必要时纠正。用 04 选择功能"初始设置",如图 7-27 所示。

| 快速数据传输 |
| 04—初始设置 |

图 7-27 "初始设置"显示页面

(3)用 Q 键确认输入。

(4)输入显示器组号 000,如图 7-28 所示。

| 初始设置　Q |
| 输入显示组号 000 |

图 7-28 "输入显示组号 000"显示页面

(5)用 Q 键确认输入,当全部伺服电机释放时,控制单元 J255 储存电位计的数值直到终端位置,并确认所有伺服电机的初始设置,如图 7-29 所示。

| 初始设置　Q | | | |
| ××× | ××× | ××× | ××× |

图 7-29 确认所有伺服电机的初始设置显示页面

(6)所有伺服电机的动作可在显示屏上跟踪。反馈值发生变化并不说明伺服电机有故障。

(7)显示 0 时初始设置结束,如图 7-30 所示。再选择"查询故障代码"的功能,如屏幕显示存储的故障数,则用 05 选择"清除故障代码"的功能,清除故障存储器中的故障代码。

| 初始设置　0→ | | | |
| 0 | 0 | 0 | 0 |

图 7-30 初始设置结束

4.控制单元编码

不同的车型或车型相同但硬件配置不同的车所需要的控制单元软件不同,因此,更换新的控制单元时,为了能够正确激活控制单元,必须进行控制单元重新编码,在每次编码之后都须进行初始设置。

具体操作步骤:

(1)将故障诊断仪连接到诊断插座 T16 上,输入地址码"08 空调暖风电子",继续进行操作,直到屏幕显示"选择功能"页面,如图 7-23 所示。

(2)用 07 选择"控制单元编码"功能,如图 7-31 所示。

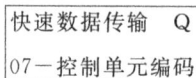

```
快速数据传输    Q
07-控制单元编码
```

图 7-31 "控制单元编码"显示页面

(3)用 Q 键确认输入,屏幕显示"输入编码"页面,如图 7-32 所示。

```
控制单元编码           Q
输入编码 ×××××(0-32000)
```

图 7-32 "输入编码"显示页面

(4)输入编码并用 Q 键确认输入,在故障诊断仪的显示屏上,显示出控制单元编码和备件号,如图 7-33 所示。

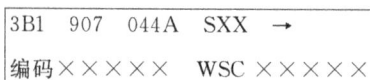

```
3B1  907  044A  SXX   →
编码×××××    WSC ×××××
```

图 7-33 显示控制单元的编码和备件号

(5)按"→"键,屏幕回到"选择功能"页面。

只有在点火开关关闭一次之后空调的控制单元才能被用于输入代码,并在显示屏幕上显示出来。

5.读取数据流

读取数据流可以帮助高级维修人员对控制系统进行合理分析,从而对系统可能存在的故障进行判断。

以下是读取数据流的具体操作步骤。

(1)故障诊断仪连接到诊断插座 T16 上,输入地址码"08 空调暖风电子"并进一步操作,直到屏幕显示"选择功能"页面。

(2)用 08 选择"读取测量值数据块"功能,如图 7-34 所示。

```
快速数据传输　　Q
08－读取测量值数据块
```

图 7-34　"读取测量值数据块"显示页面

（3）用 Q 键确认输入，屏幕显示"输入显示组号"，如图 7-35 所示。

```
读取测量值数据块
输入显示组号×××
```

图 7-35　"输入显示组号"显示页面

（4）输入显示组号，以显示组 001 为例，屏幕显示如图 7-36 所示。

```
测量值数据块阅读　　Q
输入显示组号 001
```

图 7-36　输入显示组号 001

（5）用 Q 键确认输入，读取测量值数据块，如图 7-37 所示。

```
读取测量值数据块 1 　→
1　2　3　4
```

图 7-37　读取测量数据块

其中 1、2、3、4 各显示区的值的含义见表 7-2。在"读取测量数据块"功能结束后，查询故障代码。

▶ 7.3　任务实施　汽车自动空调的自诊断

7.3.1　任务准备

准备实训车辆、三件套、诊断仪、手套、实训相关车辆资料。

7.3.2　操作步骤

（1）铺设三件套。

（2）查询故障代码。

①将故障诊断仪连接到诊断插座 T16 上，输入地址码"08 空调暖风电子"；

②打开点火开关，按 1 键，进入"快速数据传输"的运行状态，用 Q 键确认输入；

③用 02 选择功能"查询故障代码"，如有，将故障记入项目单；

④用 05 选择"清除故障代码"的功能；

⑤按 0 和 6 键,选择"结束输出"功能；

⑥用 03 代码依次测试 4 个伺服电机的位置；

⑦读取数据流,选择显示组 001 号,读取测量数据块。

(3)按键功能使用及检查。

①按下挡风玻璃除霜按钮,指示灯亮,挡风玻璃除霜功能开启,检查功能是否正常；

②按下面部气流分配按钮,指示灯亮,气流从中央出风口吹出,检查功能是否正常；

③按下脚部气流分配按钮,指示灯亮,气流从脚部出风口吹出,检查功能是否正常；

④按下循环空气按钮,指示灯亮,空气只在车辆内部循坏流通,再次按下此按钮,指示灯灭,新鲜空气从车外进入车内；

⑤按下后视镜加热按钮,指示灯亮,后视镜加热功能开启,再次按下此按钮,指示灯灭,后视镜加热功能关闭,

⑥按下 A/C 按钮,指示灯亮,制冷模式运行,压缩机启动,再次按下 A/C 按钮,指示灯灭,压缩机停止运转；

⑦按下鼓风机调节按钮,通过短促按压可以调节风速；

⑧按下 AUTO 按钮,指示灯亮,自动空调自动保持所选车内温度,此时出风温度、鼓风机转速和空气分配自动变化,测试车内温度；

⑨按下 SYNC 按钮,指示灯亮,可以设定空调左右双区温度相同,再次按下 SYNC 按钮,指示灯灭,可以实现空调左右双区独立设定不同温度,并在显示屏上显示；

⑩旋转右侧温度旋钮,可以调节车内右侧温度；

⑪旋转左侧温度旋钮,可以调节车内左侧温度。

(4)检查完毕后,关闭发动机,撤去三件套,将车辆恢复原状,并清理现场。

7.3.3　实施记录

自动空调检查记录表如表7-2所示。

表7-2　自动空调检查记录表

空调系统检查	辅助功能检查	除霜模式	脚部/除霜模式	面部出风模式
		正常□ 故障□	正常□ 故障□	正常□ 故障□
		脚部出风模式	内循环模式	后视镜加热模式
		正常□ 故障□	正常□ 故障□	正常□ 故障□
	主要功能检查	鼓风机风量调节	A/C 开关开启	A/C 开关关闭
		正常□ 故障□	正常□ 故障□	正常□ 故障□
		分区温度调节	右侧温度调节	左侧温度调节
		正常□ 故障□	正常□ 故障□	正常□ 故障□
	温度检查	设定温度		实测温度
系统自诊断	读取/清除故障码	有无故障码		故障内容
		有□　无□		
	控制诊断	记录风门4个伺服电机位置：		
	读取数据流	记录001组数据块参数： 记录人：		

思考与练习

1.选择题

(1)在(　　　)状况时,自动空调控制系统会切断压缩机电磁离合器的电流。

A. 车外温度＝设定温度值　　　　　B. 车外温度≤设定温度值

C. 车内温度≤设定温度值　　　　　D. 车内温度≥设定温度值

(2)下述(　　　)是向自动空调 ECU 提供温度控制信号的传感器。

A. 发光二极管　　　　　　　　　　B. 光敏二极管

C. A/C 开关　　　　　　　　　　　D. 蒸发器温度传感器

(3)汽车空调控制按键"AUTO"表示（　　　）。

A. 自动控制　　　　　B. 停止　　　　　C. 风速　　　　　D. 温度控制

(4)下列属于自动空调传感器的为（　　　）。

A. 外界温度传感器　　　　　　　　B. 车内温度传感器

C. 阳光辐射温度传感器　　　　　　D. 以上都是

(5)以下哪种情况必须对自动空调控制单元进行编码。（　　　）

A. 更换发动机节气门位置后　　　　B. 更换控制风门伺服电机后

C. 更换自动空调控制单元后　　　　D. 更换任一温度传感器后

(6)（　　　）是指利用空调控制单元,直接向执行器发出控制指令,从而通过看或听来判断某一执行器是否存在故障的。

A. 基本设定　　　B. 控制单元编码　　　C. 执行元件测试　　　D. 读取数据流

(7)使用诊断设备对空调系统进行诊断的功能主要有（　　　）。

A. 读取故障码　　　B. 控制单元编码　　　C. 基本设定　　　D. 以上都是

(8)自动空调控制单元一个最主要的功能是自诊断,为了能在部件发生故障或导线断路时迅速查到故障原因,控制单元装备了一个（　　　）。

A. 故障感应器　　　B. 故障存储器　　　C. 故障接收器　　　D. 故障收发器

(9)下列哪个元件不属于自动空调控制系统。（　　　）

A. 外界温度传感器　　　　　　　　B. 车内温度传感器

C. 外界环境温度开关　　　　　　　D. 脚部出风口温度传感器

(10)新鲜空气进气道温度传感器的作用是（　　　）。

A. 检测太阳光温度　　　B. 检测环境温度　　　C. 检测进气温度　　　D. 检测出风口温度

2.判断题

(1)自动空调控制系统,俗称恒温空调系统。（　　　）

(2)自动空调电控系统主要由传感器、执行器、控制单元三部分组成。（　　　）

(3)外界温度传感器起调节车内温度,防止蒸发器因温度过低而结霜的作用。（　　　）

(4)自动空调的传感器主要作用是采集车辆驾驶室内部与外部的温度信息和执行元件的位置反馈信息,另外就是接收驾驶或乘坐人员的指令信息。（　　　）

(5)空调控制单元接收来自电器和电子部件(信息转换器)的信息,并按其特征加以修正,控制单元输出信号控制电器部件(执行控制)。（　　　）

(6)汽车自动空调通过改变鼓风机转速和车内温度设定,来实现自动调节出风口温度。

（　　　）

(7)系统自诊断功能是自动空调系统的主要功能之一。（　　　）

(8)外界温度传感器起调节车内温度,防止蒸发器因温度过低而结霜的作用。（　　　）

(9)更换自动空调风门伺服电机后,只要清除故障码即可。（   ）

(10)自动空调可根据温度参数,通过改变鼓风机转速来实现自动调节出气温度。（   ）

3.问答简述题

(1)自动空调控制系统有哪些组成部分？各组成部分的作用是什么？

(2)自动空调常用的传感器有哪些？各传感器的作用是什么？

(3)自动空调自诊断的功能有哪些？

参考文献

[1]谢文博,谢相吾.汽车空调原理与维修[M].北京:电子工业出版社,2016.

[2]吕丕华.汽车空调故障诊断与维修[M].北京:中国劳动社会保障出版社,2018.

[3]凌永成.汽车空调技术[M].北京:机械工业出版社,2018.

[4]施明香.汽车空调[M].北京:机械工业出版社,2016.

[5]曹永明.汽车空调构造与维修[M].北京:机械工业出版社,2017.

[6]吴艳,常亮.汽车空调结构与维修[M].北京:北京邮电大学出版社,2014.

[7]吴兴敏,姜革,穆文闯.汽车空调系统检修[M].北京:北京理工大学出版社,2018.

[8]孙连伟,李俊玲,刘世明.汽车空调维修技术[M].北京:北京理工大学出版社,2015.

[9]谭本忠.汽车空调原理与维修[M].济南:山东科学技术出版社,2015.

[10]麻友良.汽车空调技术[M].北京:机械工业出版社,2009.